Libra

Helene Kinauer Saltarini
con la colaboración de Chiara Bertrand

Libra

dve
PUBL SHING

El editor agradece a Rudy Stauder, director de Astra, su valiosa colaboración.

Traducción de Maria Àngels Pujol i Foyo.
Diseño gráfico de la cubierta de © YES.
Fotografía de la cubierta de © Andy Zito/Getty Images.

© Editorial De Vecchi, S. A. 2018
© [2018] Confidential Concepts International Ltd., Ireland
Subsidiary company of Confidential Concepts Inc, USA
ISBN: 978-1-64461-032-9

Editorial De Vecchi, S. A. de C. V.
Nogal, 16 Col. Sta. María Ribera
06400 Delegación Cuautemoc
México

Índice

Introducción

En un momento en el que nuestro planeta parece estar fuera de ritmo y que ha perdido indudablemente su equilibrio ecológico, al igual que nosotros a los que a menudo nos falta armonía, teniendo que escoger sobre qué signo quería escribir, mis preferencias recayeron en el signo de Libra puesto que es el signo del equilibrio por excelencia.

He preferido el Libra porque me permite hablar del hombre conectado con el universo.

Formamos parte de un contexto cósmico, así como una gota del mar forma parte de todo el océano: somos como un pequeño Sol incluido en el gran Sol.

Los biorritmos nos enseñan que la respiración del hombre está en perfecta sintonía con la respiración del cosmos y lo prueba el hecho de que un hombre sano realiza, en 24 horas, 25.920 respiraciones —microcosmos— y cada era astronómica se desarrolla en 25.920 años —macrocosmos—. Por desgracia, actualmente muy pocas personas cumplen 25.920 respiraciones en un día puesto que vivimos fuera del ritmo, fuera del equilibrio.

En esta era de progreso técnico, en la que se olvidan los valores humanos, no sólo el hombre ya no está en simbiosis con el universo, sino que todo el planeta se encuentra trastornado, como demuestra el desequilibrio ecológico.

De esta discordancia se resiente de forma particular el nativo de Libra puesto que su dinámica consiste precisamente en la armonía; al no encontrarla, tanto externamente como interiormente, y al ser extremadamente sensible, el signo de Libra está sujeto más que otros a trastornos psicosomáticos.

Es importante darse cuenta de que la serenidad no nos llega desde el exterior sino que se encuentra más bien en nosotros.

A menudo oigo decir: «No soporto más a este Libra, eternamente indeciso, nervioso, descontento y quejumbroso, con más o menos mil trastornos importantes». No debe tenérselo en cuenta, debe tener paciencia, no es culpa suya, el pobre sufre más que usted. Venus, el planeta del amor domina al signo de Libra y es por eso que el nativo necesita mucho afecto, comprensión, paz y amor; si todo esto le falta, cede a compromisos que causan en él crisis existenciales que repercuten negativamente sobre su ambiente.

Seríamos capaces de una mayor comprensión y tolerancia si nos esforzáramos en entender que, cuando alguien nos trata mal, detrás de esta actitud se esconde siempre un sufrimiento que no quiere o no sabe demostrar. En lugar de resentirnos contra la persona que nos ha hecho daño deberíamos estar más disponibles, intentar escuchar, aconsejar, amar los corazones con interés. Nuestra tarea es la de ser más comprensivos en el verdadero sentido de la palabra, es decir «tomar al otro dentro de nosotros».

Los nativos de Libra de las generaciones precedentes, al no haber sufrido las influencias negativas que actualmente nos llegan de todas partes, son personas tranquilas, amables, con profundos sentimientos. El nativo de Libra de esta generación en cambio busca con afán ingeniárselas de una forma que ya no corresponde con su dinámica.

El signo de Libra que consigue vivir en armonía consigo mismo y con los demás es uno de los signos más bonitos del zodiaco. Corona su vida con profundidad de ánimo, es atento y afectuoso, las personas que están a su lado se sienten satisfechas en sus deseos más íntimos.

Por lo tanto, he escogido el signo de Libra para ayudarle a comprender las causas profundas de sus crisis y de su necesidad de afecto, y encontrar así la manera de reintegrarse en el ritmo cósmico.

HELENE KINAUER SALTARINI

Primera parte

... DEDICADO A TODOS LOS LIBRA

por *Helene Kinauer Saltarini*

Mitología y simbolismo

Respecto a la mitología de Libra, podemos hacer referencia al mito de Psique y Eros donde encontramos la búsqueda de la imagen ideal del Tú, del Otro, un deseo que a menudo permanece inconsciente puesto que se tiene que haber alcanzado una autonomía evolutiva propia para conseguirlo realmente.

La leyenda cuenta que Psique, seducida por Eros, dios del amor, vivió con él sin verlo porque este se mantenía invisible durante el día. Con el tiempo, Psique no resistió a la curiosidad y decidió de improviso encender una lamparilla de aceite para poder observarlo, pero cayó una gota de aceite caliente que despertó a Eros haciéndolo huir.

Desde ese momento empezó el peregrinaje de Psique que recordaba con dolor la felicidad perdida. Finalmente, desesperada, Psique pidió ayuda a Venus que la sometió a duras pruebas, una de las cuales la obligó a descender a los Infiernos. Tras superarlas pudo recuperar a Eros y celebrar sus nupcias con él en el Olimpo.

El hecho de reunirse de nuevo representa el equilibrio ideal, que se produce mediante la delimitación del Yo frente al Tú, el complementario.

Otro de los mitos nos habla de la bellísima Afrodita, hija de Zeus, que nació de la espuma del mar y navegando sobre una concha alcanzó la orilla en la isla de Citerea, donde las Horas la esperaban, y acompañada por palomas y gorriones, mientras flores y hierbas crecían bajo sus pasos, continuó el viaje hasta Pafo en la isla de Chipre.

Afrodita, aunque era la diosa del amor, llevó a la desgracia a muchos de sus propios amantes entre los que destaca Ares-Marte, dios de la guerra, símbolo también de la atracción física. Hefesto, esposo de Afrodita, sospechaba desde hacía tiempo del engaño de su esposa y consiguió aprisionar a los dos amantes en una fina red de bronce mientras estaban juntos. Escarnecida por todos, la diosa volvió a las profundidades del mar. Fue también amante de Hermes, o Mercurio, del cual tuvo a su hijo Hermafrodito, pero el amor más grande de la diosa fue el que sintió por Adonis que más tarde Zeus mató por celos.

Todos estos mitos nos hablan de relaciones tempestuosas, basadas sobre todo en la atracción física y no en los sentimientos, por lo tanto nos enseñan que el nativo de Libra tiene que buscar en la unión sobre todo el entendimiento espiritual. Libra es el primer signo que tiene como símbolo no un animal o un hombre, sino un objeto: una balanza. Pero existe la figura de la justicia que sostiene esta balanza en la mano, la mujer de los ojos vendados, ciegos a las cosas exteriores pero dotados de vista interior, donde reside la verdadera justicia.

El símbolo de Libra invita a un constante equilibrio; el hombre debería encontrarse en el centro, es decir, en el punto donde se encuentra el fiel de la balanza. Pero no se entiende que tenga que permanecer inmóvil, pasivo, al contrario, debería ser extremadamente dinámico y sabérselas arreglar en el delicado equilibrio de energías. En medio de las disonancias a las que está sometido, el nativo de Libra tiene que encontrar el propio equilibrio. Su gran deseo de paz lo lleva a aceptar compromisos; lo importante para él es poder vivir en un ambiente sereno y tranquilizar a los contendientes.

Los nacidos en este signo tienen que experimentar kármicamente el secreto de la dualidad absoluta: superar la diferencia entre el alma y la materia que deben avanzar a la par. Sin la ley de la dualidad, a la que está subordinada también Libra, no existiría el universo, como el día no puede existir sin la noche, la luz sin la sombra, el bien sin el mal.

Libra es por excelencia el signo de la ley, no sólo cósmica, sino también terrenal. Los nacidos en el séptimo signo se encuentran en una importante encrucijada de su evolución, han llegado al punto más bajo y allí tienen que escoger: o subir con dificultades y conscientemente hacia la evolución espiritual o volver sobre sus pasos y, en detrimento de su propia alma, adorar los valores materiales.

Esta decisión se expresa en la sexta carta del Tarot, «Los Amantes», que representa un joven entre dos mujeres. Una de ellas está suntuosamente vestida y querría conseguir que el joven se acercara a ella, prometiéndole todos los bienes del mundo; la otra es una mujer triste, muy guapa, pero vestida muy pobremente, que lo invita con humildad a seguir el camino de la riqueza interior y no el de la riqueza exterior.

Libra se encuentra precisamente en un punto crucial del círculo zodiacal. Y sabemos que para este nativo no hay peor cosa que la de tener que escoger, pero precisamente esta es la prueba que les impone su karma.

El signo de Libra está dominado por Venus, ya muy conocida y venerada en la época de los babilonios, que la describen como un diamante centelleante al sol. Los mitos griegos que nos hablan de la diosa del Amor son muchos: la aventura de la diosa con Anquises, que más tarde fue el padre de Eneas, es muy famosa; otro mítico episodio está constituido a partir del encuentro de Venus con Pigmalión; de su amor nació Pafo, el que instituyó el culto de Venus-Afrodita.

Afrodita refleja una energía de afinidad, el eje bipolar del ascendente, el Yo y el Tú, esa afinidad que los alquimistas definen como una fuerza que tiene un cuerpo para combinarse con otro cuerpo, la misma energía del amor que atrae a uno hacia el otro. El *solve et coagula* es el símbolo psicológico de esta potente energía. Venus, en la psicología de lo profundo, restituye todos los valores mitologémicos. La Luna representa el arquetipo de la mujer, Venus el amor en sentido sentimental.

Los distintos mitos describen claramente el destino de cada persona puesto que el mito esconde la modalidad psicodinámica subjetiva que no es un destino ciego, sino una potencialidad a descubrir. La difícil tarea de Libra, expresada en su símbolo, es la de estar en equilibrio entre la tierra y el cielo: si se eleva sólo hacia el mundo de los ideales, pierde el contacto con las cosas comunes; si se agarra sólo a la materia, pierde el contacto con los mundos superiores.

El nativo que ha encontrado la serenidad interior, el equilibrio, se considera un sabio, como lo fue el rey Salomón, al que se atribuye el signo de Libra, porque él estaba situado en lo alto, pero distribuía su sabiduría a los hombres.

A los nativos de Libra, les deseo, si se encuentran en una encrucijada, que sepan escoger justamente, con fuerza de ánimo, convirtiéndose de esta forma en un guía para todos aquellos que ya no saben dónde dirigir la nave de su destino.

¿ESTÁ SEGURO DE PERTENECER AL SIGNO LIBRA?

Si usted ha nacido el 22, el 23 o el 24 de septiembre puede verificarlo en la siguiente tabla que muestra el momento de la entrada del Sol en el signo. Los datos se refieren a las horas 0 de Greenwich. Para los nacidos en España, es necesario añadir una o dos horas al horario indicado (véase tabla de la pág. 55).

día	hora	min	día	hora	min	día	hora	min
24.9.1903	5	44	23.9.1939	22	50	23.9.1975	15	55
23.9.1904	11	40	23.9.1940	4	46	22.9.1976	21	48
23.9.1905	17	30	23.9.1941	10	33	23.9.1977	3	30
23.9.1906	23	15	23.9.1942	16	17	23.9.1978	9	26
24.9.1907	5	9	23.9.1943	22	12	23.9.1979	15	17
23.9.1908	10	58	23.9.1944	4	2	22.9.1980	21	9
23.9.1909	16	45	23.9.1945	9	50	23.9.1981	3	5
23.9.1910	22	31	23.9.1946	15	41	23.9.1982	8	47
24.9.1911	4	18	23.9.1947	21	29	23.9.1983	14	42
23.9.1912	10	8	23.9.1948	3	22	22.9.1984	20	33
23.9.1913	15	53	23.9.1949	9	6	23.9.1985	2	8
23.9.1914	21	34	23.9.1950	14	44	23.9.1986	7	59
24.9.1915	3	24	23.9.1951	20	37	23.9.1987	13	46
23.9.1916	9	15	23.9.1952	2	24	22.9.1988	19	29
23.9.1917	15	0	23.9.1953	8	6	23.9.1989	1	20
23.9.1918	20	46	23.9.1954	13	55	23.9.1990	6	56
24.9.1919	2	35	23.9.1955	19	41	23.9.1991	12	48
23.9.1920	8	28	23.9.1956	1	35	22.9.1992	18	43
23.9.1921	14	20	23.9.1957	7	26	23.9.1993	0	23
23.9.1922	20	10	23.9.1958	13	9	23.9.1994	6	19
24.9.1923	2	4	23.9.1959	19	9	23.9.1995	12	13
23.9.1924	7	58	23.9.1960	0	59	22.9.1996	18	1
23.9.1925	13	43	23.9.1961	6	43	22.9.1997	23	56
23.9.1926	19	27	23.9.1962	12	35	23.9.1998	5	38
24.9.1927	1	17	23.9.1963	18	24	23.9.1999	11	32
23.9.1928	7	6	23.9.1964	0	17	22.9.2000	17	28
23.9.1929	12	52	23.9.1965	6	6	22.9.2001	23	06
23.9.1930	18	36	23.9.1966	11	43	23.9.2002	4	55
24.9.1931	0	23	23.9.1967	17	38	23.9.2003	10	48
23.9.1932	6	16	22.9.1968	23	26	22.9.2004	16	31
23.9.1933	12	0	23.9.1969	5	7	22.9.2005	22	24
23.9.1934	17	45	23.9.1970	10	59	23.9.2006	4	4
23.9.1935	23	38	23.9.1971	16	45	23.9.2007	11	52
23.9.1936	5	26	22.9.1972	22	33	22.9.2008	17	48
23.9.1937	11	13	23.9.1973	4	21			
23.9.1938	17	0	23.9.1974	9	59			

CARNET DE IDENTIDAD DE LIBRA

Elemento:	Aire
Calidad del signo:	cardinal, masculino
Planeta dominante:	Venus
Longitud en el zodiaco:	de 180 a 210
Estrellas fijas:	Vendimiadora, Espiga, Arturo
Colores:	rosa antiguo, verde cobre
Números:	7, 25, 34, 43, 52, 61, 70
Día de la semana:	viernes
Piedras:	coral rosa, aguamarina, zafiro
Metales:	cobre, latón
Perfume:	lavanda, verbena, almizcle
Plantas:	melocotonero, palmera
Flores:	íride, violeta, jacinto
Animales:	paloma, cabra
Lema:	Yo escojo
Amuletos:	una piedra de coral montada sobre cobre o latón
Estados, regiones y ciudades:	China, Argentina, Austria, Viena, Copenhague

Psicología y características del signo

La personalidad

Los nativos de Libra buscan de forma constante la belleza, pero sobre todo el equilibrio, una tarea nada fácil en el mundo actual en el que este valor falta a menudo y en todas partes.

No se considera que pertenezcan a un signo doble, pero en su interior sufren el dilema de la dualidad; es por ello que es extremadamente difícil que consigan mantener los dos platos de la balanza al mismo nivel puesto que uno tiende siempre a bajar y ellos tienen después mucho trabajo para situarlo de nuevo en lo alto.

De carácter inestable, muy sensibles, se sienten fácilmente abandonados, incomprendidos y, en su vida, las crisis existenciales no dejan de presentarse.

Gracias a Venus, el planeta dominante, tienen buen gusto, poseen un destacado sentido estético y del arte en general; entre ellos hay muchos artistas, sobre todo músicos y bailarines.

Normalmente brillantes, óptimos conversadores, poseen una voz bien modulada que sabe encantar a quien los escucha. Tienen una necesidad constante de poderse expresar con los demás, temen a la soledad puesto que su elemento Aire revolotea por todas partes en busca de contactos humanos, tanto en la vida privada como en la profesional.

Saben vestirse con mucha elegancia y son amantes de las joyas, con las que se adornan siempre, no importa si son preciosas o no. Lo importante, para ellos, es que destaquen su indumentaria y el tipo físico.

Su sentido estético los empuja a cuidar mucho de su persona, algo que podría irritar a los que no atribuyen importancia a esto y miran sólo los aspectos prácticos. Quizás en ello también haya un poco de envidia, debido a que no poseen sus mismas atracciones. Aunque los nativos de Libra no se corresponden con los cánones de la belleza en sentido clásico, aparecen siempre más guapos que los demás porque por naturaleza poseen un encanto particular, innato, que no se puede enseñar ni aprender. La finura en su forma de vestir y la atmósfera que saben crear a su alrededor sirven para aumentar todavía más este típico embrujo suyo.

Aunque tengan que salir sólo cinco minutos, para comprar el periódico, a cualquier hora del día y en cualquier circunstancia, el aspecto será siempre cuidado y refinado porque para ellos es muy importante el juicio del prójimo y por lo tanto se ocupan siempre de no dar pie a críticas sobre su persona.

Sienten un verdadero terror hacia las situaciones conflictivas y, para evitarlas, están dispuestos a renunciar a tomas de posición personales. En tales situaciones tienden a trastornos nerviosos porque acumulan todos los malestares en su interior, mientras querrían gritar al viento lo que les tormenta.

Poseen también un gran sentido de la justicia, no podemos olvidar que el signo representa la *ley* y, cuando es necesario, pierden totalmente sus típicas maneras amables para luchar con garra a favor de los derechos, tanto suyos como ajenos.

Les gusta no sólo la elegancia, sino también la vida cómoda; al no sentirse fuertes por lo que se refiere a las fuerzas psicofísicas, piensan que a ellos les corresponde una vida repleta de beneficios que les permita descansar mucho.

Se les reconoce fácilmente por su sonrisa que desarma, pero también por su falta de puntualidad puesto que antes de salir se miran mil veces en el espejo, encontrando siempre algo que se tiene que arreglar; a veces cambian incluso en el último momento los accesorios. En amor esto se les perdona siempre puesto que resultan realmente muy atractivos y su pareja no pueda hacer más que cubrirlos de cumplidos, mientras en el trabajo se arriesgan a recibir desagradables reproches. El nativo de Libra es discreto, atento, un perfecto maestro en el arte de la seducción puesto que la unión es su objetivo. Inspira confianza enseguida, pero queda siempre algo de indiferencia en estos sujetos que consiguen saber todo sobre los demás mientras cuentan muy poco de sí mismos. Sus virtudes son la intuición, la diplomacia y sobre todo la adaptabilidad; saben moverse y adaptarse a cualquier situación o ambiente, como el Aire que es su elemento. Todos los nativos de Libra dan siempre la impresión de que poseen una óptima cultura porque, al tener buena memoria, recuerdan todo y saben exponer lo que retienen en el momento oportuno. Les gusta la serenidad y son bastante rutinarios; cada brusco e improvisado cambio los hace caer en una crisis, pero consiguen adaptarse muy pronto a las nuevas condiciones, gracias también a Venus que los pone en disposición de aceptar lo que puede ser útil para las personas que quieren.

Gracia y belleza se ponen en evidencia sobre todo en los movimientos de las manos y de los dedos que crean mil formas con un ritmo suave que encanta a quienes les observan.

Su vida está siempre repleta de placeres porque saben dar importancia a las pequeñas cosas que para los demás no tienen significado; su presencia hace que los ambientes sean cálidos y acogedores; quien vive a su lado tiene siempre mucho que aprender sobre cómo extraer lo mejor de cada situación y cómo poder vivir bien.

El niño

El niño Libra revela desde pequeño una gran sensibilidad y amor por la música. Se hace querer mucho por sus coetáneos y por los adultos; su temperamento calmado, la sonrisa en los labios lo hacen enseguida simpático. Es inteligente, creativo, posee sentido de la justicia y le gusta proteger a los más débiles. Al crecer, desarrolla poco a poco su sentido artístico, un gran amor por el arte, por todo lo que es bonito. Tiene una vida repleta de fantasía y es tarea de los padres, o de los que hacen las veces de padre, situarlo con los pies en el suelo, de otro modo el niño pierde el sentido de la realidad y tendrá seguramente muchas desilusiones. Es difícil que haga una pataleta por capricho; cuando se comporta de forma extraña, detrás de su comportamiento existe siempre una grave motivación que el niño tiende a esconder. Se puede ofender a su corazoncito tan sensible sin ni siquiera darse cuenta; si quiere obtener algo de él, es necesario convencerlo con ternura y lógica: estará dispuesto a hacer todo lo que le pida si eso hace que pueda conservar su amor, puesto que está muy falto de afecto. A veces se demuestra voluble e inconstante, pero tratándolo duramente se comportaría como un resorte, encerrándose en el mutismo. No hay cosa peor para este niño puesto que su signo es el de la unión. Necesita mantener con todo el mundo buenas relaciones; sólo de esta forma podrá dar lo mejor de sí mismo. Le gusta vestirse bien desde muy pequeño. Se nota enseguida su inocente coquetería y consigue formar con rapidez su personalidad. Es vanidoso, espera con ansia un cumplido de los demás; si se le ignora se vuelve huraño y a veces los adultos no entienden esta actitud; si se siente amado y considerado no se encontrará, al crecer, ningún problema, y el niño se hará querer siempre.

La mujer

Sea lo que sea lo que la mujer Libra haga o decida, todo deja traslucir su gran necesidad de armonía. No soporta un ambiente ruidoso y, sobre todo, vulgar. Desea poder vivir cómodamente y, debido a su gran sentido estético, le gustan las cosas bonitas, los colores delicados; se presenta siempre con un aspecto agradable y es muy agraciada en sus gestos.

Debe su belleza a Venus, el planeta dominante; posee encanto, clase y sobre todo atractivo. Con un maquillaje apropiado consigue subrayar todavía más lo que la naturaleza le ha dado. Muy diplomática, sabe aparecer calmada y reflexiva, incluso cuando por dentro le hierve un volcán.

A pesar del deseo de entablar conversación con los demás, a menudo da la impresión de ser distante e impenetrable; no es una casualidad que tenga un gran ascendente sobre los demás, a menudo cohibidos a su lado; pero sólo necesita una sonrisa para cautivar a todos.

Oscila entre altruismo y egoísmo. A veces incluso es demasiado altruista, especialmente con las personas que quiere. Le gusta dar, y no sólo por el gesto en sí mismo, sino porque, incluso de forma inconsciente, se siente muy satisfecha con los cumplidos y los agradecimientos de los demás. Sin embargo, otras veces (probablemente dependerá del momentáneo tránsito de los planetas) se lamenta por el hecho de que nadie piense en ella y se convierte en una persona extremadamente egocéntrica. A menudo se da cuenta de ello y sufre; cuando se siente desilusionada por alguien tiende a pedir una contrapartida al destino.

Si encuentra su autorrealización se convierte en una persona maravillosa; en caso contrario, se vuelve inquieta, nerviosa y pesada para los demás.

El hombre

Él, como la mujer, necesita equilibrio y armonía. Está siempre proyectado hacia los demás, desea establecer un contacto perfecto con el mundo que lo rodea. No hay nada peor para él que la violencia; incluso en los momentos de ira más incontrolada conseguirá no levantar la mano contra alguien. Las voces estridentes y los gritos le hacen salir corriendo. Le gusta la música, un ambiente calmado, donde poder descansar y pensar tranquilo sobre las mil cosas que hierven en su cabeza. Dotado de una gran lógica, sus armas vencedoras en cada batalla son la inteligencia y el talento oratorio que consigue convencer siempre a los demás de sus opiniones y razones. Una cierta exagerada búsqueda de la perfección se vuelve para él una obsesión. Las elecciones, a las que a menudo se ve obligado constituye para el nativo de Libra una prueba terrible porque siempre tiene miedo de equivocarse: de hecho, su lógica funciona más en relación con los demás que en relación consigo mismo. El hombre Libra es siempre atento, amable, condescendiente y no cede nunca a los excesos puesto que posee también un gran autocontrol; está considerado por todos como una persona muy amable, agradable y muy pocos consiguen conocerlo realmente puesto que sabe esconder muy bien sus dudas y sus ansias que no faltan nunca en este sensible signo. Amante de la buena vida, vaya donde vaya busca siempre lo mejor; incluso por lo que se refiere a la alimentación es un buen gastrónomo y escoge platos refinados e insólitos. También él, como la mujer del signo, no sabe estar sólo: es romántico, sensual y considera la compañía de una pareja interesante como el toque mágico que completa la vida. Para no quedarse sólo, es capaz de aceptar cualquier compromiso o hace la *mariposa* que vuela de una flor a otra para embriagarse de su néctar. Tendría que recordar que para él sería esencial ser y no sólo aparecer.

La amistad

Como todos los signos de Aire, los nativos de Libra son extremadamente extrovertidos, anticonformistas y disponibles para establecer muchas relaciones amistosas y humanas. Poderse expresar a través de los demás los hace estar felices, los sitúa en un estado de gracia que se parece mucho a la felicidad. Si viven en cambio momentos de soledad o de desilusión por parte de los amigos, se vuelven muy tristes y todo pierde color y valor. La amistad sincera es para los Libra la savia de la vida; de hecho, buscan en las amistades a personas válidas interiormente, aunque tampoco desprecian los valores exteriores, por lo que a menudo tienen amigos influyentes, bien situados y que dan un cierto sentido de protección y de seguridad.

No soportan la monotonía ni la vida sedentaria porque su temperamento sanguíneo necesita movimiento y nuevas situaciones que los hagan ser brillantes y estar contentos. Para ellos es muy importante lo que piensa el prójimo por eso no tienen nunca amistad con personas vulgares e incultas y, al escoger, serán muy selectivos. Pero tienen que escoger entre personas afines a ellos; sólo de esta forma podrán esperar que el lazo de unión de estima y de afecto se prolongue con el paso de los años, sin atravesar crisis ni momentos de cansancio. Se siente fácilmente amigo incluso de personas del ambiente laboral, puesto que si hay estima y una cierta atracción consiguen conectar enseguida con la persona en cuestión. Poder tener un amigo fiel y sincero es lo máximo que pretenden de la vida; con esta serenidad interior duermen plácidamente; aunque en los sueños lo advierten; su sexto sentido les continúa diciendo: «Estate tranquilo, yo estoy aquí».

Evolución

La vida le obliga constantemente a superar situaciones inarmónicas; hechos y personas le obligan, como todos, a tener que escoger continuamente y su lema es: «Yo escojo».

Estas elecciones constantes lo llevan a una involución personal o a la evolución, en el sentido de elevarse hacia metas superiores y conocimientos sutiles. Para desarrollar su tarea kármica, los Libra tienen que ser muy dúctiles y conseguir superar no sólo sus crisis, que después de superarlas los conducen a valores más altos, a una transformación positiva, sino también superar las crisis ajenas.

El trabajo de superar las propias crisis interiores se hace más pesado si el Libra se encuentra en un ambiente en el que sufre los desequilibrios ajenos, que provocan en él verdaderas consternaciones puesto que lo empujan a cerrarse en sí mismo, y esto es contrario a su íntima naturaleza.

En otras palabras, los Libra tienen que hacerse válidos, justos, leales y consejeros para los problemas del prójimo. El saber ser altruistas hasta el punto de olvidar los propios problemas los hará crecer sobre el camino evolutivo. Si no consiguen hacer esto y se pierden en sus aflicciones, en su egocentrismo, esperando que los demás les ayuden, en lugar de evolucionar, los Libra caerán hacia abajo y en lugar de librarse del propio karma, acumularán más. Según la doctrina de la reencarnación tendrán que superar, en su propia existencia, muchas pruebas que les permitirán alcanzar una mayor evolución espiritual y conquistar un karma más benévolo.

El dinámico Libra corresponde al VII y al VIII Arcano del Tarot, es decir al «Carro» y a la «Justicia». La justicia es la virtud esencial y el carro podrá, según las acciones, llevar hacia arriba o hacia abajo. Si el Libra sabe perfeccionarse cada vez más, su carro será el del triunfo, el de quien ha librado al alma de sus sufrimientos terrenales.

La Justicia tiene la balanza en la mano, invitando a la igualdad, a la tolerancia, a la fraternidad con todos los seres. El fiel de la balanza es extremadamente inestable; cada acción, cada pensamiento, cada sentimiento lo hace oscilar a un lado y a otro: para los Libra, es más difícil permanecer en equilibrio que para los demás signos que son menos sensibles.

La lección que el karma enseña es la de moderarse en todo y la de entender que cada acción es generadora de una reacción equivalente. Se pretende mucho de los Libra; de hecho, la sabiduría no es poca cosa; pero su meta es la felicidad, y tienen que aprender que la felicidad absoluta es una quimera puesto que no hay nada fuera de la alternancia indispensable para todas las manifestaciones.

La dinámica del Libra es la del equilibrio psíquico, moral e intelectual: el nativo tiene que saberlo utilizar de la forma correcta. Si utiliza su propio libre albedrío en contraste con la propia dinámica crea inarmonía y un destino adverso puesto que vive contra la ley natural.

Se pueden comparar los signos zodiacales con las notas graves de la escala musical y los planetas con las notas agudas. Los Libra, que son amantes de la música y tienen buen oído, sienten la de las esferas celestes. Si queremos avanzar en la evolución, tenemos que aumentar la potencialidad de nuestro oído interno, sentir con los sentidos ocultos para comprender las elevadas melodías de los planetas.

Cada uno de nosotros es una canción que tiene que ser armoniosa en sí misma.

La casa

Guiados por Venus y por una mente muy ágil, gracias al elemento Aire poseen un gusto refinado y, por lo menos latentes, talentos artísticos; en todas las cosas buscan la forma ideal porque la exigencia de la belleza en ellos es innata.

Pertenecen también a un signo cardinal, por lo tanto, son ambiciosos y desean poder sobresalir por todas partes, sorprender al prójimo con la elegancia y la hospitalidad de su casa, de la que saben utilizar cada ángulo con armonía y racionalidad. En invierno, a ser posible cerca de una chimenea, se sienten realmente cómodos, mientras las mil luces que el fuego expande en el ambiente le acarician. Luces difusas, música adecuada a cada momento, un rincón donde colocar los recuerdos, pequeños objetos antiguos que decoran las habitaciones... Esa es una atmósfera que encaja con el Libra. Al ser también buenos cocineros, dan al conjunto el último toque con los platos realmente exquisitos que preparan.

Tanto en su ambiente de trabajo como en su casa tiene que reinar la armonía y mucha limpieza porque son casi unos fanáticos de la higiene. En su casa todo está cuidado a la perfección, como si fuera la obra de un conocido decorador. Desde muy jóvenes son capaces de otorgar al espacio más pequeño un aire artístico, con pósters colocados en las paredes con gusto y originalidad. En su casa, todo el mundo se siente cómodo enseguida.

Si es verdad que los ojos son el reflejo del alma, toda su forma de ser es el espejo de la armonía que sienten en su interior. Evidentemente, incluso su casa forma parte de esa armonía y, por lo tanto, les gustan las casas rodeadas de césped de algún barrio de prestigio, en las que no faltan todas las comodidades porque es en su casa, sobre todo en las horas libres, cuando quieren poderse relajar, reflexionar, meditar y recargarse con nuevas fuerzas.

Las aficiones

Para divertirse en el tiempo libre no tienen problemas. Debido a la multiplicidad de intereses y aficiones se encuentran con la duda de escoger entre las mil cosas que les gustan. Quizá se les plantee un problema económico, puesto que sus intereses son muy costosos, son amantes del lujo y los accesorios de prestigio. Les gusta la música, el baile, la pintura y todas esas actividades que precisan un ánimo sensible y talento creativo. A menudo, una de sus aficiones se convierte incluso en fuente de buenas ganancias.

En la elección del deporte buscan la armonía, la belleza, por eso se les adapta muy bien la gimnasia rítmica, similar al baile, la esgrima, la natación o el patinaje. Todas las actividades deportivas en las que es necesario utilizar la fuerza psíquica están hechas para ellos, mientras no aceptan los deportes que precisan fuerza física y que sean violentos, como por ejemplo el boxeo. Podrían ser buenos también en disciplinas orientales como el Zen o el Yoga.

Su habilidad manual unida al talento artístico puede llevarlos a crear cuadros y grabados muy buenos. Los Libra pueden dedicarse también a pequeños trabajos manuales con óptimos resultados. Sean ricos o pobres, poseen el arte de transformar cada objeto, incluso el más humilde, en algo particular, en una pieza de coleccionista.

Regalos, colores y perfumes

Si tienen que hacer un regalo, lo saben escoger con mucho cuidado, adecuándolo a las circunstancias. Prefieren envolverlo ellos mismos con mucho cuidado; por ello saben presentar incluso una simple pluma estilográfica como si se tratara de un brillante. Gracias a su sensibilidad y capacidad de observación, escogen con una seguridad increíble los regalos más adecuados; les gusta regalar objetos que tengan una historia o por lo menos un significado profundo.

En cambio, al recibir un regalo, les importa muy poco su valor intrínseco; valoran, sin embargo, de qué forma se les ofrece puesto que el Libra desea que el obsequio signifique amor y apreciación, y entiende enseguida si le ha sido ofrecido para la ocasión, por conveniencia o por sincero afecto. Un pequeño libro, regalado con el corazón, le hará mucho más feliz que un anillo costoso entregado sin afecto. De todos modos, no es difícil hacerlos felices puesto que no es esencial tener mucho dinero, es suficiente con amarles realmente. Pero quizás esto sea todavía más difícil. De hecho, el amor no se puede comprar y no se deja mandar.

A los Libra les gusta mucho recibir amigos en casa, tener huéspedes, por eso agradecerán también un cubo para el hielo, elegantes copas de helado o vasos para combinados. Agradecerán también un buen pañuelo de marca, de seda o de lana según la estación y se alegrarán también ante perfumes o jabones de su esencia preferida.

Les gusta la belleza de las formas, pero son muy sensibles también a los colores; a ellos les combinan los tenues, de forma particular los matices del verde y del rosa antiguo. Según la cromoterapia el verde es en la escala del arco iris el color del centro, el del equilibrio, el de la paz interior, y el Libra no pide nada más en la vida. El rosa antiguo está en sintonía con los sentimientos delicados, con las cosas repletas de historias, a las que se aficiona, porque le interesan enormemente y activan toda su fantasía.

Estudios - profesiones - dinero

Estudios ideales

En general, a los nativos de Libra les gusta mucho el estudio, sobre todo porque les permite moverse luego a su aire en cualquier ambiente. Desde muy pequeños les gusta la escuela, pero incluso de adultos no se cansan nunca de aprender algo nuevo. A sus gustos refinados y delicados le encajan los estudios clásicos o también los estudios de bellas artes. Pueden escoger a su propio gusto todos los estudios que tienen algo que ver con la belleza, el buen gusto y el sentido estético. Si trabajan a fondo, el estudio es raramente un problema para ellos que triunfan siempre.

Los estudios a los que podrían dedicarse con éxito podrían ser la decoración o la arquitectura de interiores puesto que saben decorar con un estilo muy bonito poco común en la casa. Tienen también talento para la fotografía y para todo lo que está relacionado con ella: artes gráficas, dirección teatral o cinematografía, escenografía, todos ellos estudios en los que podrían obtener verdaderos éxitos. Los que en cambio no quieren comprometerse con muchos años de estudio podrán frecuentar fácilmente cursos de estética, de corte, de moda o de peluquería.

Cualquier tipo de escuela o de cursos que haya escogido, le darán siempre satisfacción: primero porque el estudio en sí revive a los Libra; segundo porque pueden estudiar o trabajar en compañía de otras personas, y todas las actividades que permiten una colaboración encajan con ellos; finalmente porque son muy ambiciosos e intentan ser siempre los primeros; aunque esto es agotador. El nativo de Libra adora este tipo de lucha, que no es física, sino mental y psicológica. Le gusta el estudio y lo hace siempre porque está convencido de que la vida es demasiado corta para aprender todas las maravillas del mundo.

Salidas profesionales

Es indispensable para el Libra poder trabajar sin la imposición ajena y en un campo escogido por sí mismo; desea también que se le aprecie por el empeño que pone en el trabajo y por sus propias capacidades. Debido a que en la elección profesional cuenta mucho incluso el ambiente en el que se encuentra, el innato amor por la serenidad le empujará a no escoger nunca un trabajo en el que no sea posible encontrar todo esto. Sólo de esta forma los Libra alcanzarán sus objetivos.

En el ambiente de trabajo son muy correctos, escrupulosos y quieren crearse una buena reputación. Desean tener el cariño de sus superiores puesto que cuentan con los ascensos; en cualquier lugar que se encuentren, si no son el número uno, se vuelven nerviosos y ansiosos de hacer carrera; desean además la estima de los colegas con los que mantienen siempre una buena relación humana. A veces no consiguen su intento puesto que quienes los entienden los consideran rivales bastante fuertes y diplomáticos, y no sin razón, porque generalmente los Libra piensan primero en sí mismos y hacen de todo para que nadie consiga ponerles trabas; pero después de haber conseguido llegar a la meta son amables, comprensivos y ayudan a quien se lo merece. Pero su sensibilidad parece desvanecerse en la nada cuando pierden la estima por alguien. Cuando alguien prepara una maquinación contra él, lo aplasta fríamente sin piedad, no por maldad, sino por un destacado e innato sentido de la justicia.

Su desarrollado sentido de la justicia les hace ser incluso buenos jueces; no es una casualidad encontrar entre los nativos de Libra a jueces muy conocidos. Su curiosidad los puede llevar incluso hasta el periodismo en el que su mente ágil y su diplomacia le serán muy útiles. Incluso en calidad de periodista no se conformarán con permanecer todo el día detrás de un escritorio sino que, aunque tengan que empezar desde cero, buscarán siempre mayores responsabilidades y prestigio.

Si eligen ser médicos, podrán especializarse en cirugía plástica, gracias a su sentido de la belleza y también en gerontología puesto que sus ganas de vivir le hacen temer mucho a la muerte, y las personas viejas suscitan en los Libra compasión, especialmente porque temen su propia vejez. Por esta razón, la investigación científica con la que se espera prolongar la vida les atrae mucho al igual que eventualmente la biología.

Todo el campo de la cosmética, también les ofrece un largo camino de éxitos; los Libra gastan mucho en las perfumerías, especialmente si son mujeres, y en su baño tienen siempre mil frascos de distintos tipos de cremas y lociones; cremas hidratantes, contra las arrugas, emulsiones para la piel, crema de noche, de día, etc.; cuidarse mucho es un hecho esencial para sentirse bien, joven y deseable.

Las investigaciones importantes en trabajos de equipo encajan muy bien con los Libra porque les gusta mucho trabajar en colaboración con los demás, algo que les permite intercambiar opiniones y experiencias.

Como jefes son exigentes pero comprensivos; consideran a sus empleados como colaboradores más que como subordinados, por lo menos mientras estos les traten con el debido respeto; en caso contrario se vuelven duros y a veces incluso un poco vengativos; su imagen es demasiado importante para permitir que otros puedan cambiarla impunemente.

Dinero

El nativo de Libra no infravalora nunca la importancia del dinero puesto que sabe perfectamente que permite el bienestar y la independencia. El gran deseo de vivir bien le empuja a buscar orientaciones profesionales que le concedan muchas horas libres; su última meta es alcanzar puestos importantes, poder derivar los trabajos aburridos hacia otras personas, trabajar con prestigio, sin cansarse mucho y obtener grandes beneficios. Si en algún momento se encuentra momentáneamente en dificultades financieras, no hace un drama de ello puesto que es consciente del hecho que muy pronto obtendrá otros ingresos. No está buscando la riqueza, sino el bienestar necesario, y sólo en raros momentos piensa cómo poder ganar más, pero en tal caso para un objetivo preciso: la compra de una casa, de un coche o de otra cosa que realmente desee, quizás un viaje al extranjero bastante costoso.

Muchos de ellos se dedican a dos trabajos al mismo tiempo, sobre todo si el principal no les satisface del todo, además creen que de esta forma tienen las espaldas cubiertas con otra entrada de dinero. Prefieren esta solución a la del ahorro.

Gastan cifras altas para mantener su propia imagen, para la ropa, porque tienen que sentirse en todo momento cuidados, con una buena presencia: renunciar a estos gastos, que son tan importantes para ellos, los llevaría a sufrir crisis existenciales; también les gusta gastar para los amigos y parientes y ser generosos con quien les pide ayuda. Aunque el tema del dinero no ocupa en sí mismo su mente, no pueden prescindir de él y, puesto que lo consideran un medio para satisfacer deseos y necesidades, se inventarán mil maneras para no agotar los recursos. Gastan mucho pero no estiran nunca más el brazo que la manga: las deudas les asustan, prefieren ser acreedores.

El amor

Ella

La mujer Libra, al igual que el hombre Libra tiende esencialmente hacia el matrimonio: sólo esta condición consigue darle serenidad y hacerla sentir protegida y adaptada a la sociedad. No existe nada peor para ella que quedarse sola; se sentiría como un pez fuera del agua puesto que sólo al lado de un hombre tiene la impresión de estar autorealizada y bien insertada en la sociedad.

Por lo tanto, su meta principal será la búsqueda de la pareja ideal, un trabajo bastante difícil puesto que tiende al perfeccionismo, es decir, desea un hombre atento, culto, inteligente, que deberá tener éxito profesional y poderle ofrecer una vida cómoda y mundana. Es lógico que todo esto sea difícil de encontrar en una única persona; con el tiempo, la mujer Libra aprenderá que nadie es perfecto y que es necesario realizar una elección, especialmente si no quiere quedarse sola.

Son madres perfectas, quizás un poco puntillosas porque también querrían tener hijos sin defectos. Su imagen y la de los hijos tiene que estar siempre impoluta; no soportan las críticas y si no se las admira y se las quiere tienden a sufrir agotamientos nerviosos.

Su buen gusto y su afectuosidad hacen que todo sea más bonito; necesitan mucho afecto, y por una sonrisa están dispuestas a cualquier sacrificio. Son también mujeres sensuales y la atracción física juega un papel esencial, pero su pareja tendrá que ser muy tierna y atenta. En su abandono sexual hay mucho estilo; no vencen por agresividad, sino por ternura, belleza y refinamiento; su sensualidad es muy sutil.

Para la mujer Libra el sexo es importante, pero no lo demuestran abiertamente, pues está dominada por Venus y el mito atribuye a Afrodita-Venus una personalidad multiforme y un erotismo sutil.

Aparentemente, ella vive a la sombra de su hombre; en realidad obtiene todo lo que desea con diplomacia y por caminos indirectos, además es su inspiradora y ejerce el poder incluso en la intimidad. Conquistar a una mujer Libra no es nada fácil porque es un poco coqueta y se divierte haciendo esperar primero y luego desesperar. Pero quien consigue abrir con paciencia la puerta que conduce a su corazón y consigue vencer su resistencia puede considerarse afortunado porque le hará realmente feliz.

Pero no debe faltarle nunca al respeto; en su sensibilidad e inseguridad interior, no sabe perdonar y es capaz, aunque le cueste horrores porque va contra su verdadera naturaleza, de pagar con la misma moneda. Al ser fundamentalmente celosa, ve sombras por todas partes; el miedo de perder a la persona amada o de que la pongan en ridículo la hace ser desconfiada. La única medicina contra estos complejos es cubrirla siempre con mil atenciones, darle la seguridad de que no existe otra mujer, sólo ella.

El núcleo familiar tiene una gran importancia. La mujer Libra estará siempre y en cualquier ocasión disponible para parientes necesitados.

Quien tiene como pareja a una mujer Libra puede estar seguro de que sabrá ofrecerle los lados más hermosos de la vida y lo defenderá siempre.

Él

Lleno de encanto, el hombre Libra tiene facilidad para entablar relaciones afectivas, comprende enseguida el punto débil del prójimo y sabe atraerlo hacia él. También su comportamiento extremadamente amable, atento y a la vieja usanza sorprende al sexo débil y lo conquista, porque le hace sentir importante y adorable.

El signo de Libra ocupa la Casa 7 en el orden del círculo zodiacal, la que corresponde, por excelencia, al matrimonio; por lo tanto, si de joven el hombre Libra es un verdadero don Juan, al final busca una unión estable, que esté en regla bajo todos los puntos de vista, incluso para la ley.

Su gran necesidad de armonía le hace desear una unión serena, con una mujer que tenga encanto, cultura y lo pueda apoyar en todas las situaciones críticas, o profesionales, que se presentarán a lo largo de la vida. Esto no quiere decir que, cuando el tiempo de la luna de miel quede ya lejos, no ceda a alguna aventura; para él no será una traición porque no compromete su corazón, tratándose sólo de un deseo de novedades. Además, al estar acostumbrado a ganar, la conquista para él es un juego muy satisfactorio; esto sucederá más fácilmente en la madurez, cuando pierda seguridad en sí mismo, al verse envejecer. Si puede vivir una interesante historia de amor, aunque sea breve, recuperará la confianza en sí mismo y será todavía más afectuoso con su propia compañera. El hombre Libra ama los devaneos amorosos y los amores idílicos, es siempre amable, pero bastante egocéntrico, característica que no se nota enseguida. Necesita los cumplidos ajenos; escuchar que le dicen «qué guapo está hoy» aunque se le empiece a notar la barriga, lo hace sentir en el séptimo cielo. Se dice que las mujeres son vanidosas, pero el hombre Libra lo es todavía más.

Se muestra siempre cordial, abierto y da la impresión de dejar a su pareja plena libertad; en realidad es bastante celoso, pero raramente lo deja entrever. Él dedica toda su atención a su propia mujer y le gusta estar en el centro de su atención; siente que el terreno se hunde bajo sus pies si le parece que sus intereses se dirigen sobre otra persona.

Los hijos son muy importantes y los educará con severidad, inculcándoles valores tradicionales y preparándoles el camino hacia el éxito; en contrapartida espera respeto y obediencia. El concepto de familia está muy enraizado en él. Quiere mucho a sus padres y estará siempre disponible para ellos.

No quiere que se le moleste con problemas banales y no está dispuesto a desarrollar trabajos domésticos; le gusta la comodidad, después del trabajo se vuelve muy gandul y, en lugar de ponerse a trabajar en casa, está dispuesto a llevar a la familia a un buen restaurante.

Desea que su propia mujer esté siempre arreglada. La quiere guapa y siempre interesante. Pase lo que pase, no levantará nunca la voz, no será nunca vulgar; intenta siempre restablecer la paz, incluso aceptando compromisos, como última salida se aislará, permaneciendo siempre, incluso en los momentos críticos, como un gran señor.

El hombre Libra no pierde nunca la luz de la razón, ofrece un matrimonio sólido, protegido de los imprevistos: en conjunto es un hombre que sabe hacer feliz a las personas que ama, sobre todo si su compañera, con un poco de astucia, ha conseguido hacérselo suyo.

Relaciones con los demás signos: las parejas

Libra - Aries

Estos dos signos están en oposición, pero encontramos una afinidad entre los elementos: el Aire y el Fuego se alimentan recíprocamente.

Si están dispuestos a ayudarse mutuamente esta oposición se transformará en una fusión. Existe entre ellos una gran atracción física que les ayudará a superar los momentos de crisis y es también el factor que hace que se enamoren locamente. La tarea más difícil le toca al Libra que tendrá que saber calmar con tacto y amor el carácter exuberante del Aries. Entre las parejas de signos opuestos, como son el Libra y el Aries, tiene lugar a menudo el milagro zodiacal del encuentro a medio camino sobre la línea que corre entre los dos signos; pero si esto no sucede por falta de un verdadero amor, la pareja se escapará de las manos como una anguila.

Libra - Tauro

Los dos signos están guiados por el planeta Venus, la diosa del amor, y esto es muy prometedor; podría realizarse una mezcla perfecta de caracteres. El Libra sensual, amable, tierno, pero a menudo incierto, encuentra apoyo en el Tauro, muy concreto y menos soñador, cuya perseverancia, a veces casi testarudez, hace que el Libra se sienta protegido. Pero el Tauro tendrá que utilizar una cierta diplomacia o el Libra, que nunca tiene que poner mucha pasión, podría retirarse en su concha, ofendido en su amor propio. Los dos saben gozar los lados buenos de la vida, les gusta la vida cómoda, la buena mesa y la vida social. Vivir las propias experiencias con los amigos es importante para ellos. Una velada despreocupada les carga de energías de nuevo. Los dos signos son celosos, por lo tanto es mejor que no jueguen con fuego en sus recíprocas relaciones.

Libra - Géminis

Entre ellos podrá nacer un amor importante. Los dos pertenecen al elemento Aire y son bastante cerebrales, por lo tanto admirarán la inteligencia de la pareja. Pero ambos son también como mariposas, inestables, siempre en busca de algo nuevo. Por ello es probable que la unión no sea duradera. Si la pareja no sabe hacerse siempre interesante, el otro se cansará y buscará nuevas emociones en otra parte, pero también al dejarse, muchas veces quedan como amigos. A nivel social, mundano, tienen muchas afinidades. Para alcanzar la unión duradera, el Libra tendrá que dejar de aceptar siempre compromisos y poner al Géminis en la condición de ser más responsable, pero sin quitarle su amada independencia.

Libra - Cáncer

Los dos son signos cardinales y poseen un fuerte carácter, que puede convertirse también en causa de considerables discusiones que los dos soportan mal.

El Libra puede aceptar todo, menos la falta de armonía; el Cáncer es demasiado susceptible y se siente golpeado incluso sólo con una mirada de reproche. Sus intereses se proyectan hacia metas y direcciones distintas, por ello sólo un profundo afecto conseguirá disolver los problemas constantes que surgirán entre ellos. Puesto que para los dos son muy importantes los hijos, si los tienen entre ellos reinará un mayor entendimiento. El Cáncer es mucho más cerrado de carácter que el Libra, admira a su compañero y se engancha a él quizá morbosamente, agobiándolo con continuas pretensiones. Al no haber otros indicios favorables en el horóscopo, esta unión aparece repleta de momentos críticos, por lo tanto no es la mejor.

Libra - Leo

Esta combinación tiene buenas posibilidades de formar una pareja feliz.

El Leo se siente muy atraído por los gustos refinados y por el temperamento tranquilo del Libra que se siente protegido por su fuerte carácter. En su vida sexual se une pasión y sensualidad; incluso los elementos Aire y Fuego son armónicos. Al Libra le gusta tener una vida social activa, mientras que el Leo está orgulloso de una pareja fascinante y brillante en todas las situaciones.

Cuando ama, el Libra es muy adaptable y podrá aprender mucho del Leo, fortificando el propio carácter. Por lo tanto, de ello se obtiene una unión fructuosa y duradera, basada en una recíproca y profunda confianza. El Libra sabrá hacer la vida siempre interesante al Leo, algo esencial para él que pierde el interés si empieza a aburrirse y, puesto que por naturaleza no es fiel, esto representaría un peligro para la unión.

Libra - Virgo

El temperamento sociable del Libra tropieza fácilmente con el carácter esquivo del Virgo. Un punto a su favor podrá estar constituido por la forma de comportarse del Libra, que recoge por todas partes admiración y amistad; por lo tanto, el Virgo lo querrá mucho. Los dos tienden a la perfección, por ello pueden llegar a ser útiles recíprocamente. Pero los elementos son contrapuestos: la Tierra del Virgo sofoca el Aire del Libra, además, el Libra necesita mucha ternura y la tímida Virgo demuestra su amor más con los hechos que con caricias y palabras.

Al existir un fondo real de amor, el Libra podrá interpretar el papel del artista en casa, mientras el Virgo podrá pensar más en las cosas concretas y explicar las propias capacidades administrativas. Si no existe una verdadera voluntad recíproca, la unión se verá sometida a diversas crisis.

Libra - Libra

Normalmente, dos caracteres iguales no se estimulan, en cambio, dos Libra consiguen entenderse perfectamente porque sus intereses, a menudo referentes al arte, son muchos. Les gusta divertirse, salir con amigos, prepararse recíprocamente una buena cena, en pocas palabras, tienen muchas cosas en común que dan a la vida de pareja siempre una nueva savia. Su relación estará siempre basada en la amabilidad y en la tolerancia mutua y también en ese profundo sentido de la justicia tan enraizada en ellos. Un peligro podrá consistir en el hecho de que a menudo se encuentran en dificultad en el momento de escoger, son indecisos y no son bastante luchadores para afrontar los problemas de la vida. Para la buena marcha de la pareja es importante que tengan una buena posición económica porque a los dos les encanta la vida cómoda.

Libra - Escorpio

El Libra se siente fácilmente atraído por el encanto misterioso y magnético que emana generalmente del Escorpio, advierte la fuerza, la pasionalidad y la confianza en la vida que le falta a él. Si el Escorpio no se controla podría asustar al sensible Libra que quiere ser conquistado con dulzura y a menudo tiene la desagradable sensación de que anulan su personalidad. En común, tienen en cambio el amor por el arte; también entre los Escorpio encontramos muchos artistas, más violentos en su expresión que los Libra, cargados de emotividad. Sobre este terreno se pueden enriquecer recíprocamente. También los elementos revelan la diversidad de sus caracteres. El Aire puede mover el Agua pero no se funde con ella. La pareja puede encontrar la felicidad si los dos están dispuestos a renunciar en parte a su personalidad.

Libra - Sagitario

A pesar de que los elementos Aire y Fuego de los dos signos se armonizan entre sí, una vida serena en común será muy difícil. El temperamento del Sagitario es muy distinto del temperamento del Libra. Su vitalidad, las ganas de hacer mil cosas, de viajar, la búsqueda de las situaciones insólitas, podrán fascinar inicialmente al Libra que intentará apoyar a la pareja, pero a la larga no lo conseguirá. El Libra, de hecho, es tranquilo, le gusta viajar pero con comodidad, sin prisas y rodeado de todas las comodidades, mientras que el Sagitario duerme serenamente incluso en un saco al aire libre. El Sagitario, además, tiende a la crítica, y el Libra no sabe defenderse, pierde a menudo la confianza en sí mismo.

En conjunto no se puede decir que tengan muchas posibilidades de crearse un hogar sereno.

Libra - Capricornio

Los dos son signos cardinales y por lo tanto los dos son ambiciosos. Entre ellos reinará la estima y el afecto recíproco, pero que el Capricornio nutre escasamente, tacaño en el momento de expresar el propio amor.

Si tienen que alcanzar una meta común, o defender a la pareja, afrontar algo realmente importante, estarán unidos y preparados para cualquier sacrificio con el objetivo de conseguir su intento. Pero a su vida afectiva le faltará a menudo el empuje y esto, a la larga, podrá ser un peligro puesto que el Capricornio puede bastarle con el afecto y la estima de la pareja, pero esto no es suficiente para el sensible y sensual Libra que, sobre todo si es mujer, necesita expresar su propio amor incluso a través del sexo.

Libra - Acuario

En esta pareja, el intercambio de las valencias positivas será recíproca; los dos son entusiastas de la vida, extrovertidos, cordiales, altruistas y sensibles, y saben estimularse recíprocamente. El Libra tiene que estar sólo atento para no robarle al Acuario su independencia, de la que él necesita absolutamente. Su elemento común Aire hace que su vida esté siempre viva, tienen un gran deseo de conocer, de profundizar las cosas, las situaciones. Pero el Libra, es muy conservador y está muy atento a lo que los demás piensan de él, mientras que al Acuario esto no le importa en absoluto, porque siente una cierta responsabilidad sólo hacia la propia conciencia y es muy anticonformista. Si alguno de ellos cede de vez en cuando, satisfaciendo los deseos del otro, no habrá problemas.

Libra - Piscis

El encanto soñador de los Piscis sorprende fácilmente al Libra que comprende muy rápidamente la diversidad de sus caracteres. Existe también el contraste de los elementos: Aire y Agua. El Piscis busca siempre nuevas sensaciones, tanto a nivel sexual como a nivel emotivo, y esto aumenta la ya innata inseguridad del Libra. Tienen en común el romanticismo, el amor por el arte, el deseo de disfrutar todos los placeres de la vida; los dos son bastante gandules. Para triunfar en el amor, el Piscis tendrá que ser menos introvertido y hablar más abiertamente de sus problemas. Si esta claridad no existe, el Libra se cansará de la unión y sin duda dirigirá sus intereses hacia otra parte.

Si no consiguen tener seguridad económica, su unión está destinada a fracasar.

Conquistas y abandonos

Cómo conquistar a un Libra

Empezará a interesarse por usted si es siempre amable y está siempre disponible, pero también racional y preparado para el diálogo. En este empeño suyo contará mucho también el aspecto externo: el hombre Libra es un esteta y un buen observador y por ello percibirá todos los pequeños detalles de su indumentaria. La sensualidad será también un incentivo para él. Si sabe además hacerle cumplidos, su simpatía crecerá considerablemente: es muy vanidoso y agradece mucho las alabanzas. Invítelo a cenar en su casa, sedúzcalo con platos exquisitos, un buen vino de añada y no olvide un fondo de música romántica y melodiosa. Rodéelo de mucha dulzura, sea extremadamente femenina. Procure transmitirle su capacidad para dar mucho afecto.

Cómo hacer que un Libra la deje

Cualquier cosa que rompa la armonía de la atmósfera le afecta terriblemente: haga escenas de celos y cambie de forma continua de humor y de decisión y si quiere que le abandone, ataque su sentido estético haciendo que la encuentre desaliñada, con los cabellos enmarañados; a él le gusta el maquillaje refinado y por eso no debe utilizarlo o escoger uno inadecuado. Su buen gusto no soportará ni siquiera verla vestida con un *look* demasiado excéntrico o pasado de moda. No le dé ni un momento de paz, contándole mil chismes e incluyendo en el discurso palabras vulgares. Se quedará desconcertado. No entenderá cómo precisamente ha podido creer que la quería. Puede estar segura de que muy pronto se considerará un pésimo psicólogo, y su número de teléfono acabará en la papelera.

Cómo conquistar a una Libra

Muéstrese lleno de atenciones, admírela antes en silencio, y luego, muy lentamente, hágale cumplidos por su belleza, inteligencia y buen gusto. Invítela al teatro o a conciertos y háblele durante largo rato de la maravillosa velada que ha pasado a su lado. Muestre que tiene buen gusto a la hora de vestir, manténgase sonriente, tranquilo y gran parte de la conquista estará ya hecha. La mujer Libra necesita sentirse rodeada de afecto y quiere sobre todo sentirse protegida por su hombre: déjele claro que en cualquier momento puede contar con usted. Invítela a un restaurante típico a la luz de las velas, cree una atmósfera romántica y luego, muy suavemente, hágale entender que la desea. Tiene que saber escucharla también porque quiere sentirse siempre importante, comprendida y le gusta hablar de sí misma. No sea nunca impaciente y mucho menos violento.

Cómo hacer que una Libra le deje

Empiece, en sus encuentros, a mostrarse indiferente; cuando ella le hable, haga como que no la ha oído; deje que crea que sus pensamientos se encuentran en otro lado y se sentirá muy ofendida.

En otra ocasión, no se presente a la cita o cancélela en el último momento, cuando ella ya esté completamente vestida y preparada para salir; no le dé explicaciones, dígale solamente: «No puedo venir». Se morirá de celos; si se lo reprocha, hágase el ofendido, diciéndole que lo que desea es una mujer que confíe en usted. Si el culpable ataca, la parte ofendida se queda desorientada. Cuando se dé cuenta de que ella está particularmente guapa, con un vestido o un peinado nuevo, haga como si no se hubiera dado cuenta; esto le confirmará que usted ya no la quiere. Así pues, habrá alcanzado su objetivo. Aunque sufra, su orgullo tomará la delantera y no tardará en decir: «Lo mejor es que lo dejemos».

La salud

La salud de los nativos de Libra en general no se encuentra entre las más florecientes; están sujetos a mil pequeños trastornos, y se sienten en perfecta forma muy raramente. Además de temer a la enfermedad tienen sobre todo miedo de que los embrutezca, de que sea algo poco estético, por eso un simple resfriado, con la nariz goteante y toda roja, los hace caer en crisis; presentarse con los cabellos desordenados porque no pueden permitirse lavarse la cabeza se convierte enseguida en otro problema.

La enorme necesidad de equilibrio que sienten les falta cuando están enfermos, de esta forma, al problema físico se añade el trastorno psicológico que empeora la situación. Salud y belleza para ellos van a la par. Por lo tanto, se cuidan mucho, se someten a menudo a controles médicos e intentan prevenir los trastornos crónicos. Para permanecer en perfecta forma física y psíquica necesitan muchas horas de sueño; cuando no las duermen empiezan a aparecer los trastornos nerviosos. Como signo zodiacal, el Libra está sujeto a trastornos renales. También tienen que cuidar mucho su alimentación puesto que fácilmente son alérgicos a ciertas comidas. Para mantenerse sanos, además del sueño, tienen que hacer mucho ejercicio, dedicarse lo máximo posible a un deporte que les obligue a movimientos que hagan trabajar a todo su cuerpo, por ejemplo: el esquí, la natación y la gimnasia.

Si realmente se ponen enfermos, les gustaría curarse en un abrir y cerrar de ojos.

Cuando esto no es posible empieza el drama: se encierran en casa y no quieren ver a nadie que no sea el médico, aterrorizados de verse enfermos, de perder su imagen, precisamente ellos que se sienten normalmente guapos, atractivos, dignos de admiración.

Se curan con gran esfuerzo, siguen escrupulosamente las instrucciones del médico, en el que deben confiar mucho; en caso contrario cambian de médico enseguida. En cuanto se recuperan de una enfermedad, recurren a los masajes, a la fisioterapia, a la herboristería, a todo para acelerar en lo posible su perfecta curación. Sólo se dirigen al hospital si es verdaderamente necesario, pero en ese caso harán de todo para que los ingresen en una clínica privada, en una habitación individual, donde los demás no los vean y donde no los moleste nadie. El Libra no tiene muchas energías; se siente cansado y exhausto fácilmente y da a los amigos y conocidos la impresión de no poder vivir muchos años por los mil trastornos que acusa; en realidad los supera todos bien y podrá vivir largamente, gracias sobre todo al tiempo y al trabajo que dedica a su propia persona. Es raro que se ponga gravemente enfermo: en cambio, siente mucho el cambio de estación; puesto que por su carácter móvil consume mucha energía, necesita con más frecuencia que otros signos periodos de reposo, pero posee también una considerable fuerza de recuperación.

Su mente está siempre excitada y esto provoca a menudo un cierto agotamiento. Por esta razón debería dedicarse a técnicas de relajación que le pueden ayudar a captar *prana*, es decir, nuevas energías vitales. Cuando no se encuentra bien cae en el pesimismo y en la indecisión; le sería de ayuda tener parientes cerca, pero en la vida de un nativo de Libra están casi siempre en otro lugar puesto que él construye su propia vida muy a menudo lejos de la casa paterna.

En definitiva, la salud del Libra parece un tira y afloja continuo.

Personajes famosos

Entre las mujeres de Libra famosas actualmente, por diferentes motivos se puede hablar de Margaret Thatcher y de Romina Power.

Margaret Thatcher, nacida el 13 de octubre de 1925, llegó a ser Primer Ministro de la Gran Bretaña. En su horóscopo encontramos a Saturno con el ascendente en Escorpio y al Sol en conjunción con Mercurio en Libra y Marte en la Segunda Casa, que demuestran su fuerza, su energía y su empuje.

Romina Power, nacida el 2 de octubre de 1951, actriz y cantante. Tiene a Neptuno en Libra, signo de arte, que le otorga un carisma que atrae al público, y la Luna en Escorpio que, al encontrarse en la Casa 10, sector de la carrera, le asegura la fama. El Sol en la Novena Casa le garantiza su fama internacional.

Entre los hombres famosos de Libra citaremos: Enrico Fermi, Luciano Pavarotti y Gandhi.

Enrico Fermi, nacido el 29 de septiembre de 1901, científico nuclear, con tan sólo 27 años Académico de Italia y premio Nobel de Física en 1938. El Sol en Libra y Venus, que otorga la fama en la juventud son significativos.

Luciano Pavarotti, nacido el 12 de octubre de 1935, tenor de fama. Confirman su potencia y expresividad y su popularidad el Sol en Libra y el triple trígono formado por la Luna en Aries, el ascendente en Leo y Marte en Sagitario.

Mohandas Gandhi, nacido el 2 de octubre de 1868, llamado el «Mahatma» (Gran Alma), gran espíritu de nuestra época, justamente considerado el «apóstol de la no violencia»: de hecho, su signo es el del amor y el de la justicia.

Otros personajes pertenecientes a Libra: Sarha Bernhardt (25 de septiembre de 1844), Oscar Wilde (16 de octubre de 1854),

Francis Scott Fitzgerald (24 de septiembre de 1896), Sandro Pertini (25 de septiembre de 1896), Papa Pablo VI (26 de septiembre de 1897), Rita Hayworth (17 de octubre de 1918), Brigitte Bardot (28 de septiembre de 1934), Eleonora Giorgi (12 de octubre de 1954).

Segunda parte

LA FICHA
ASTROLÓGICA PERSONAL

por *Chiara Bertrand*

Cómo construirse una ficha
astrológica personal

Ahora que ya hemos satisfecho las curiosidades relativas al propio signo zodiacal, proporcionaremos todas las indicaciones necesarias para construirse el horóscopo personal, además de noticias de carácter general sobre la astrología y el zodiaco. Esta parte permite, de hecho, completar la ficha personal de la página siguiente y el gráfico del tema natal de la pág. 49.

Ficha astrológica personal de ....
a rellenar a medida que se obtienen los datos según las instrucciones de las páginas siguientes.

Fecha de nacimiento .... Hora de nacimiento ....

Lugar de nacimiento .... Hora oficial estival: sí .... no .....

Hora de Greenwich .... Tiempo sideral del nacimiento ....

Ascendente : ....' en............ Casa VII : .... en...........

Casa 2 : .... en............ Casa 8 : .... en............

Casa 3 : .... en............ Casa 9 : .... en............

Casa IV : .... en............ Medio Cielo : .... en............

Casa 5 : .... en............ Casa 11 : .... en............

Casa 6 : .... en............ Casa 12 : .... en............

Sol : ....'.....'' en................. Casa............................

Luna : ....'.....'' en................. Casa............................

Mercurio : ....'.....'' en................. Casa............................

Venus : ....'.....'' en................. Casa............................

Marte : ....'.....'' en................. Casa............................

Júpiter : ....'.....'' en................. Casa............................

Saturno : ....'.....'' en................. Casa............................

Urano : ....'.....'' en................. Casa............................

Neptuno : ....'.....'' en................. Casa............................

Plutón : ....'.....'' en................. Casa............................

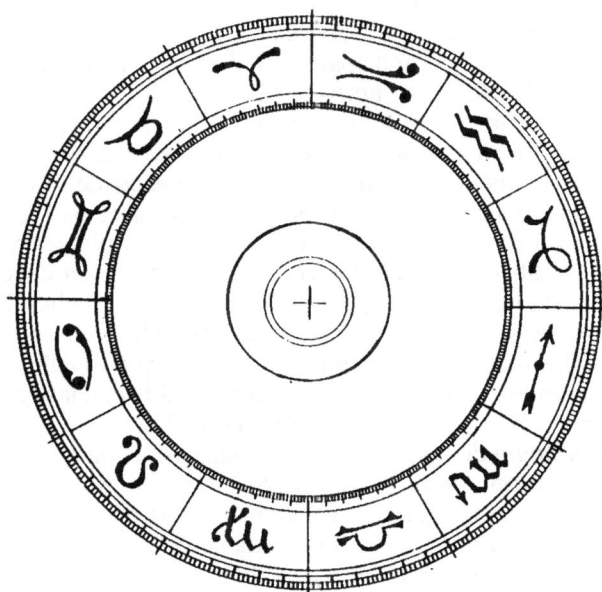

GRÁFICO PARA LA REDACCIÓN DEL TEMA NATAL PERSONAL

La astrología, que nació en tiempos remotos, consistía al principio en la observación de la bóveda celeste, del movimiento de los astros y de los fenómenos naturales relacionados con estos movimientos. La percepción de la armonía existente entre el cielo y la tierra llevó a creer que los astros tenían una influencia sobre las vivencias humanas, y se profundizó en el arte de obtener auspicios de las estrellas y de los planetas.

Los antiguos estudiosos idearon un sistema fijo que permitía observar el movimiento de los astros en relación con la Tierra: en el centro de este sistema se coloca el zodiaco, una banda celeste que corre paralela al ecuador siguiendo una circunferencia de 360. El zodiaco está subdividido en 12 sectores de 30 cada uno, los cuales a su vez toman el nombre de una de las 12 constelaciones localizadas en el cielo por nuestros antepasados. Hay que destacar que la correspondencia entre signo y constelación es simbólica, puesto que estas figuras celestes no coinciden perfectamente con el espacio de 30 asignado a cada signo zodiacal. El grado inicial de los 360 que componen el zodiaco, llamado punto vernal, corresponde al 21 de marzo, fecha del equinoccio de primavera, que abre el año zodiacal con Aries, el primero de los doce signos. La pertenencia a un determinado signo del zodiaco se basa en el camino aparente del Sol a lo largo de esta banda: el paso diario del Sol es de aproximadamente 1 y, por lo tanto, en el arco de un mes cubre los 30 de un signo zodiacal. En este movimiento, el Sol separa las estaciones que regulan los procesos vitales en la Tierra: tenemos que destacar que la correspondencia de cada signo con una determinada fase estacional, es muy importante para entender la sucesión de los signos y los respectivos valores astrológicos.

Como ya sabemos, para establecer a qué signo se pertenece es suficiente conocer el día de nacimiento; sin embargo, las fechas de inicio y de final de los distintos signos pueden variar con los años, puesto que a los 360 zodiacales corresponden 365 días de nuestro calendario: por este motivo, en este volumen se ha incluido la tabla con las fechas exactas de entrada del Sol en el signo zodiacal tratado.

La simbología de los signos zodiacales se encuentra en la base de la astrología, proporcionando un mapa para la lectura del cosmos y del corazón del hombre, que forma parte de este mecanismo universal armónico; las características de cada signo determinan el terreno expresivo para los planetas que de vez en cuando los ocupan. Si el signo solar es esencial para describir las características de base de la personalidad, para obtener un cuadro completo es necesario de hecho localizar las posiciones de los otros nueve planetas que, además del Sol, se mueven por la banda zodiacal. Se trata de: Luna, Mercurio, Venus, Marte, Júpiter, Saturno, Urano, Neptuno y Plutón. Unas tablas, llamadas efemérides, proporcionan la posición zodiacal exacta (expresada en grados) de cada planeta e incluso del Sol, para cada día del año. Según la distancia al Sol, cada planeta se mueve por el zodiaco con mayor o menor velocidad: es suficiente pensar que Mercurio realiza una vuelta completa por el zodiaco en aproximadamente un año, pero Júpiter tarda 12 años y Plutón 250 años. Para completar el tema del nacimiento, es necesario establecer además la posición de las 12 Casas astrológicas, como veremos con más detalle en el próximo capítulo.

El trabajo del astrólogo consiste, una vez realizada la redacción de la carta del cielo en el nacimiento, en analizar los elementos que la componen, vistos no como elementos separados, sino considerados en sus recíprocas interacciones: un trabajo delicado y complejo, que da resultados sorprendentes.

El ascendente y las 12 Casas

Para la construcción del tema natal es necesario realizar la domificación, es decir, encontrar la posición de las 12 Casas astrológicas que subdividen el esquema horoscópico en otros sectores, referido cada uno a un particular campo de experiencia característico de la existencia humana.

El ascendente delimita el primero de estos sectores (la I Casa) y tiene una importancia fundamental entre los factores astrales que caracterizan un horóscopo. El signo en el que se encuentra el ascendente es el que en el momento del nacimiento se levantaba en el horizonte y cambia según la hora y el lugar en que se produjo; sin conocer estos datos no es posible elaborar un horóscopo preciso y cuidado, que tiene que colocar cada planeta en una Casa bien precisa, para poder obtener las indicaciones sobre cómo se transfieren en la vida real las energías representadas por los planetas en los diferentes signos.

Para realizar la domificación, es necesario calcular el tiempo sideral de nacimiento (como explicaremos en el próximo capítulo), luego encontrar en las tablas de las Casas, la posición exacta de las Casas en el momento del nacimiento. Si lo que se pretende es encontrar sólo el signo en el que cae el ascendente, es posible seguir un procedimiento más sencillo, que hace que las personas que no tienen grandes conocimientos de astrología puedan conocer este importantísimo elemento astral.

De hecho, el ascendente puede definirse como el *punto de partida* de las posibilidades de desarrollo individual; describe a la persona en sus características más evidentes, en el comportamiento, en las reacciones instintivas, en las tendencias más naturales y manifiestas, e influye también en el aspecto físico. Muy a menudo,

51

el individuo se reconoce más en las características del ascendente que en las del signo solar al que pertenece, o en los que están en contacto con él, le resultan más claras las características típicas del ascendente: esto sucede porque el ascendente es la imagen consciente que tenemos de nosotros mismos y que manifestamos a los demás.

El ascendente, además, al caracterizar la constitución física, proporciona informaciones muy interesantes en el plano de la salud, indicando los órganos y las partes del cuerpo más sujetas a trastornos y al tipo de estímulos a los que el individuo reacciona más rápidamente.

La presencia de los planetas en conjunción con el ascendente intensifica la personalidad, resaltando algunas de las características que adquieren de esta forma una evidencia particular: por ejemplo, encanto y amabilidad en el caso de Venus, agresividad y competitividad, en cambio, en el caso de Marte.

Una I Casa «ocupada» por muchos planetas refuerza la autonomía y el espíritu de afirmación, y proporciona la tendencia a imponer la propia personalidad sobre la de los demás.

Evidentemente, tiene una gran importancia la combinación signo-ascendente: en la tercera parte del volumen, en un capítulo especial, se agrupan todas las combinaciones relativas al signo tratado.

Cálculo del ascendente

Los datos necesarios para calcular el ascendente son: fecha, lugar y hora exacta de nacimiento (en el caso de que no se conozca la hora, se puede pedir en el registro la partida de nacimiento). Se acepta una aproximación de 15-20 minutos.

El procedimiento es sencillo, sólo con algunos cálculos se podrá obtener la posición del ascendente con cierta precisión.

Pongamos un ejemplo con un nacimiento que tuvo lugar en Burgos, el 15 de junio de 1970 a las 17 h 30 min hora oficial.

1. La primera operación que se debe hacer siempre será consultar la tabla de la pág. 55, para ver si en ese momento había alguna alteración horaria con respecto a la hora de Greenwich (que es la referencia horaria mundial y la meridiano patrón para España). En el caso de este ejemplo, había una diferencia de una hora y por ello es necesario restar una hora de la hora de nacimiento. Por lo tanto tendremos: 17 h 30 min - 1 h (huso horario) = 16 h 30 min.

En cambio, en el caso de no haber hora de verano, como se la llama generalmente, no se deberá restar nada; pero si en cambio hay dos horas de diferencia con la hora oficial, entonces habrá que restar dos horas.

2. El resultado que se obtiene se suma a la hora sideral, que se puede localizar en la tabla de la pág. 57. La hora sideral para la fecha tomada como ejemplo es 17 h 31 min por lo tanto: 16 h 30 min + 17 h 31 min = 33 h 61 min. Pero este resultado precisa una corrección: de hecho, es necesario recordar que estamos realizando operaciones sexagesimales (es decir, estamos sumando horas, minutos y segundos).

Los minutos no pueden superar los 60, que es el número de minutos que hay en una hora.

Por lo tanto, el resultado se tiene que modificar transportando estos 60 minutos a la izquierda, transformándolos en 1 hora y dejando invariable el número de minutos restantes. Corregido de esta forma, el resultado originario de 33 h 61 min se ha convertido en 34 h 01 min.

3. A continuación, para llegar hasta la definición exacta del tiempo sideral de nacimiento, es necesario sumar al resultado obtenido la longitud traducida en tiempo relativa al lugar de nacimiento. La tabla de la pág. 58 proporciona la longitud en tiempo para las principales ciudades españolas: En el caso de Burgos tenemos que restar 0 h 14 min 49 s. Podemos quitar los segundos para facilitar el procedimiento, ya que no altera prácticamente el resultado.

Para poder restar los minutos, debemos transformar una hora en minutos. Quedará así: 34 h 01 min = 33 h 61 min; 33 h 61 min – 0 h 14 min = 33 h 47 min.

Puesto que el resultado supera las 24 horas que tiene un día, es necesario restar 24. Quedará así: 33 h 47 min – 24 = 9 h 47 min, que indica el tiempo sideral de nacimiento.

4. Después de obtener, finalmente, este dato, sólo tendremos que consultar la tabla de la pág. 54 para descubrir en qué signo se encuentra el ascendente: en el caso que hemos tomado como ejemplo, el ascendente se encuentra en el signo del Escorpio.

Para resumir el procedimiento que hay que seguir, lo presentamos en este esquema, que puede ser útil para realizar el cálculo del propio ascendente.

....	−	HORA DE NACIMIENTO	−	
1.00	=	1 HORA DE HUSO		= (en caso necesario hay
				que restar 2 horas)
....	+	HORA DE GREENWICH	+	
....	=	HORA SIDERAL (tabla de la pág. 57)	=	
....	+	RESULTADO	+	
....	=	LONGITUD EN TIEMPO		
		(tabla de la pág. 58)	=	
....		TIEMPO SIDERAL DE NACIMIENTO		

TIEMPO SIDERAL DE NACIMIENTO	=	....
ASCENDENTE (tabla en esta página)	=	....

N.B. Al hacer los cálculos, hay que recordar siempre que se debe verificar que los minutos no superen los 60 y las horas no superen las 24 y realizar las oportunas correcciones como muestra el ejemplo. También se pueden efectuar las correcciones al final del cálculo todas juntas.

BUSQUE AQUÍ SU ASCENDENTE

de   0.35' a   3.17' .... ascendente en Leo

de   3.18' a   6.00' .... ascendente en Virgo

de   6.01' a   8.43' .... ascendente en Libra

de   8.44' a 11.25' .... ascendente en Escorpio

de 11.26' a 13.53' .... ascendente en Sagitario

de 13.54' a 15,43' .... ascendente en Capricornio

de 15.44' a 17.00' .... ascendente en Acuario

de 17.01' a 18.00' .... ascendente en Piscis

de 18.01' a 18.59' .... ascendente en Aries

de 19.00' a 20.17' .... ascendente en Tauro

de 20.18' a 22.08' .... ascendente en Géminis

de 22.09' a   0.34' .... ascendente en Cáncer

TABLA DE LA HORA OFICIAL EN ESPAÑA

Desde el 1. de enero de 1901, en España rige la hora del Meridiano de Greenwich (0 00'). El 15 de abril de 1918, se introduce por primera vez la llamada *hora de verano*. Hasta esa fecha no se produce ningún cambio en la hora legal.

Año	Fecha	Hora	Modificación	Fecha	Hora	Modificación
1918	15 abril	23.00	adelanto 1 hora	6 octubre	24.00	restablecimiento hora normal
1919	6 abril	23.00	adelanto 1 hora	6 octubre	24.00	restablecimiento hora normal
1920 a 1923, rige la hora legal sin ningún cambio						
1924	16 abril	23.00	adelanto 1 hora	4 octubre	24.00	restablecimiento hora normal
1925	rige la hora legal sin ningún cambio					
1926	17 abril	23.00	adelanto 1 hora	2 octubre	24.00	restablecimiento hora normal
1927	9 abril	23.00	adelanto 1 hora	1 octubre	24.00	restablecimiento hora normal
1928	14 abril	23.00	adelanto 1 hora	6 octubre	24.00	restablecimiento hora normal
1929	20 abril	23.00	adelanto 1 hora	6 octubre	24.00	restablecimiento hora normal
1930 a 1936, rige la hora legal sin ningún cambio						
1937	16 junio	23.00	adelanto 1 hora	6 octubre	24.00	restablec. hora normal (Z. R.)
1937	22 mayo	23.00	adelanto 1 hora	2 octubre	24.00	restablec. hora normal (Z. N.)
1938	2 abril	23.00				
	30 abril	23.00	adelanto otra hora	2 octubre	24.00	se suprime 1 hora. Queda otra de adelanto (Z. R.)
1938	26 marzo	23.00	adelanto 1 hora	1 octubre	24.00	restablec. hora normal (Z. N.)
1939	hasta el 1 de abril en que se restablece el horario normal, rige 1 hora de adelanto (Z. R.)					
1939	15 abril	23.00	adelanto 1 hora	7 octubre	24.00	restablec. hora normal (Z. N.)
1940	16 marzo	23.00	se adelanta permanentemente, hasta hoy, 1 hora			
1942	2 mayo	23.00	adelanto 1 hora (total 2)	1 sept.	24.00	se suprime 1 h. Queda 1 h de adelanto
1943	17 abril	23.00	adelanto 1 hora (total 2)	2 octubre	24.00	se suprime 1 h. Queda 1 h de adelanto
1944	15 abril	23.00	adelanto 1 hora (total 2)	1 octubre	24.00	se suprime 1 h. Queda 1 h de adelanto
1945	14 abril	23.00	adelanto 1 hora (total 2)	30 sept.	24.00	se suprime 1 h. Queda otra de adelanto
1946	13 abril	23.00	adelanto 1 hora (total 2)	28 sept.	24.00	se suprime 1 h. Queda otra de adelanto
1949	30 abril	23.00	adelanto 1 hora (total 2)	2 octubre	24.00	se suprime 1 h. Queda 1 h de adelanto (hasta 1974)
1974	13 abril	23.00	adelanto 1 hora (total 2)	6 octubre	1.00	se suprime 1 h. Queda 1 h de adelanto
1975	12 abril	23.00	adelanto 1 hora (total 2)	4 octubre	24.00	se suprime 1 h. Queda 1 h de adelanto
1976	27 marzo	23.00	adelanto 1 hora (total 2)	25 sept.	24.00	se suprime 1 h. Queda 1 h de adelanto

Z. R., zona republicana. Z. N., zona nacional.

1977	2 abril	23.00	adelanto 1 hora (total 2)	24 sept.	24.00	se suprime 1 h. Queda 1 h de adelanto
1978	2 abril	23.00	adelanto 1 hora (total 2)	1 octubre	3.00	se suprime 1 h. Queda 1 h de adelanto
1979	1 abril	2.00	adelanto 1 hora (total 2)	30 sept.	3.00	se suprime 1 h. Queda 1 h de adelanto
1980	6 abril	2.00	adelanto 1 hora (total 2)	28 sept.	3.00	se suprime 1 h. Queda 1 h de adelanto
1981	29 marzo	2.00	adelanto 1 hora (total 2)	27 sept.	3.00	se suprime 1 h. Queda 1 h de adelanto
1982	28 marzo	2.00	adelanto 1 hora (total 2)	26 sept.	3.00	se suprime 1 h. Queda 1 h de adelanto
1983	27 marzo	2.00	adelanto 1 hora (total 2)	25 sept.	3.00	se suprime 1 h. Queda 1 h de adelanto
1984	24 marzo	2.00	adelanto 1 hora (total 2)	30 sept.	3.00	se suprime 1 h. Queda 1 h de adelanto
1985	31 marzo	2.00	adelanto 1 hora (total 2)	29 sept.	3.00	se suprime 1 h. Queda 1 h de adelanto
1986	23 marzo	3.00	adelanto 1 hora (total 2)	28 sept.	3.00	se suprime 1 h. Queda 1 h de adelanto
1987	22 marzo	3.00	adelanto 1 hora (total 2)	27 sept.	3.00	se suprime 1 h. Queda 1 h de adelanto
1988	19 marzo	3.00	adelanto 1 hora (total 2)	24 sept.	3.00	se suprime 1 h. Queda 1 h de adelanto
1989	19 marzo	3.00	adelanto 1 hora (total 2)	23 sept.	3.00	se suprime 1 h. Queda 1 h de adelanto
1990	17 marzo	3.00	adelanto 1 hora (total 2)	23 sept.	3.00	se suprime 1 h. Queda 1 h de adelanto
1991	17 marzo	3.00	adelanto 1 hora (total 2)	27 sept.	3.00	se suprime 1 h. Queda 1 h de adelanto
1992	14 marzo	3.00	adelanto 1 hora (total 2)	27 sept.	3.00	se suprime 1 h. Queda 1 h de adelanto
1993	20 marzo	3.00	adelanto 1 hora (total 2)	26 sept.	3.00	se suprime 1 h. Queda 1 h de adelanto
1994	20 marzo	3.00	adelanto 1 hora (total 2)	25 sept.	3.00	se suprime 1 h. Queda 1 h de adelanto
1995	26 marzo	3.00	adelanto 1 hora (total 2)	24 sept.	3.00	se suprime 1 h. Queda 1 h de adelanto
1996	24 marzo	3.00	adelanto 1 hora (total 2)	22 sept.	3.00	se suprime 1 h. Queda 1 h de adelanto
1997	23 marzo	3.00	adelanto 1 hora (total 2)	28 sept.	3.00	se suprime 1 h. Queda 1 h de adelanto
1998	22 marzo	3.00	adelanto 1 hora (total 2)	27 sept.	3.00	se suprime 1 h. Queda 1 h de adelanto
1999	21 marzo	3.00	adelanto 1 hora (total 2)	26 sept.	3.00	se suprime 1 h. Queda 1 h de adelanto
2000	25 marzo	2.00	adelanto 1 hora (total 2)	24 sept.	3.00	se suprime 1 h. Queda 1 h de adelanto
2001	25 marzo	2.00	adelanto 1 hora (total 2)	23 sept.	3.00	se suprime 1 h. Queda 1 h de adelanto
2002	31 marzo	2.00	adelanto 1 hora (total 2)	27 oct.	3.00	se suprime 1 h. Queda 1 h de adelanto
2003	30 marzo	2.00	adelanto 1 hora (total 2)	26 oct.	3.00	se suprime 1 h. Queda 1 h de adelanto
2004	28 marzo	2.00	adelanto 1 hora (total 2)	31 oct.	3.00	se suprime 1 h. Queda 1 h de adelanto
2005	27 marzo	2.00	adelanto 1 hora (total 2)	30 oct.	3.00	se suprime 1 h. Queda 1 h de adelanto
2006	26 marzo	2.00	adelanto 1 hora (total 2)	29 oct.	3.00	se suprime 1 h. Queda 1 h de adelanto
2007	26 marzo	2.00	adelanto 1 hora (total 2)	28 oct.	3.00	se suprime 1 h. Queda 1 h de adelanto
2008	30 marzo	2.00	adelanto 1 hora (total 2)	25 oct.	3.00	se suprime 1 h. Queda 1 h de adelanto

En las islas Canarias, desde el 1 de marzo de 1922, a las 00.00 horas, rige el horario del Meridiano 15 Oeste.

TABLA PARA LA BÚSQUEDA DE LA HORA SIDERAL

Día	En.	Feb.	Mar.	Abr.	May.	Jun.	Jul.	Ag.	Sept.	Oct.	Nov.	Dic.
1	6.36	8.38	10.33	12.36	14.33	16.36	18.34	20.37	22.39	0.37	2.39	4.38
2	6.40	8.42	10.37	12.40	14.37	16.40	18.38	20.41	22.43	0.41	2.43	4.42
3	6.44	8.46	10.40	12.44	14.41	16.43	18.42	20.45	22.47	0.45	2.47	4.46
4	6.48	8.50	10.44	12.48	14.45	16.47	18.46	20.49	22.51	049	2.51	4.50
5	6.52	8.54	10.48	12.52	14.49	16.51	18.50	20.53	22.55	0.53	2.55	4.54
6	6.56	8.58	10.52	12.55	14.53	16.55	18.54	20.57	22.59	0.57	2.59	4.57
7	7.00	9.02	10.56	12.58	14.57	16.59	18.58	21.00	23.03	1.01	3.03	5.01
8	7.04	9.06	11.00	13.02	15.01	17.03	19.02	21.04	23.07	1.05	3.07	5.05
9	7.08	9.10	11.04	13.06	15.05	17.07	19.06	21.08	23.11	1.09	3.11	5.09
10	7.12	9.14	11.08	13.10	15.09	17.11	19.10	21.12	23.14	1.13	3.15	5.13
11	7.15	9.18	11.12	13.15	15.13	17.15	19.14	21.16	23.18	1.17	3.19	5.17
12	7.19	9.22	11.16	13.18	15.17	17.19	19.18	21.20	23.22	1.21	3.23	5.21
13	7.23	9.26	11.20	13.22	15.21	17.23	19.22	21.24	23.26	1.25	3.27	5.25
14	7.27	9.30	11.24	13.26	15.24	17.27	19.26	21.28	23.30	1.29	3.31	5.29
15	7.31	9.33	11.28	13.30	15.28	17.31	19.30	21.32	23.34	1.32	3.35	5.33
16	7.35	9.37	11.32	13.34	15.32	17.34	19.34	21.36	23.38	1.36	3.39	5.37
17	7.39	9.41	11.36	13.38	15.36	17.38	19.38	21.40	23.42	1.40	3.43	5.41
18	7.43	9.45	11.40	13.42	15.40	17.42	19.42	21.44	23.46	1.44	3.47	5.45
19	7.47	9.49	11.44	13.46	15.44	17.46	19.46	21.48	23.50	1.48	3.50	5.49
20	7.51	9.53	11.48	13.50	15.48	17.50	19.49	21.52	23.54	1.52	3.54	5.53
21	7.55	9.57	11.52	13.54	15.52	17.54	19.53	21.56	23.58	1.56	3.58	5.57
22	7.59	10.01	11.55	13.58	15.56	17.58	19.57	22.00	0.02	2.00	4.02	6.01
23	8.03	10.05	11.58	14.02	16.00	18.02	20.02	22.04	0.06	2.04	4.06	6.05
24	8.07	10.09	12.02	14.06	16.04	18.06	20.06	22.08	0.10	2.06	4.10	6.09
25	8.11	10.13	12.06	14.10	16.08	18.10	20.10	22.12	0.14	2.12	4.14	6.13
26	8.15	10.17	12.10	14.14	16.12	18.14	20.14	22.16	0.18	2.16	4.18	6.17
27	8.19	10.21	12.14	14.18	16.16	18.18	20.18	22.20	0.23	2.20	4.22	6.21
28	8.23	10.25	12.18	14.22	16.20	18.22	20.22	22.24	0.26	2.24	4.26	6.24
29	8.26	10.29	12.22	14.26	16.24	18.26	20.26	22.27	0.30	2.28	4.30	6.28
30	8.30		12.26	14.29	16.28	18.30	20.30	22.31	0.34	2.32	4.34	6.32
31	8.34		12.30		16.32		20.33	22.35		2.36		6.36

TABLA DE COORDENADAS DE LAS PRINCIPALES CIUDADES DE ESPAÑA

Ciudad	Latitud	Longitud	Ciudad	Latitud	Longitud
ALBACETE	39° 00'	− 7' 25"	LINARES	38° 06'	− 14' 32"
ALCUDIA	39° 52'	+ 11' 36"	LOGROÑO	42° 28'	− 9' 47"
ALGECIRAS	36° 09'	− 21' 52"	LORCA	37° 41'	− 6' 48"
ALICANTE	38° 20'	− 1' 56"	LUGO	43° 01'	− 30' 14"
ALMERÍA	36° 50'	− 9' 52"	MADRID	40° 24'	− 14' 44"
ANDORRA			MAHÓN	39° 50'	+ 17' 12"
LA VELLA	42° 30'	+ 6' 00"	MÁLAGA	36° 43'	− 17' 41"
ÁVILA	40° 39'	− 18' 47"	MANACOR	39° 34'	+ 12' 53"
BADAJOZ	38° 53'	− 27' 53"	MANRESA	41° 44'	+ 7' 20"
BARCELONA	41° 23'	+ 8' 44"	MARBELLA	36° 30'	− 19' 36"
BILBAO	43° 15'	− 11' 42"	MIERES	43° 15'	− 23' 04"
BURGOS	42° 20'	− 14' 49"	MURCIA	37° 59'	− 4' 31"
CÁCERES	39° 28'	− 25' 29"	ORENSE	42° 20'	− 31' 27"
CADAQUÉS	42° 17'	+ 13' 08"	OVIEDO	43° 22'	− 23' 22"
CÁDIZ	36° 32'	− 25' 11"	PALENCIA	42° 00'	− 18' 08"
CALATAYUD	41° 20'	− 6' 40"	P. MALLORCA	39° 34'	+ 10' 36"
CARTAGENA	37° 38'	− 3' 55"	PAMPLONA	42° 49'	− 6' 36"
CASTELLÓN	39° 50'	− 0' 09"	PLASENCIA	40° 03'	− 24' 32"
CIUDAD REAL	38° 59'	− 15' 43"	PONFERRADA	42° 33'	− 26' 20"
C. RODRIGO	40° 36'	− 26' 08"	PONTEVEDRA	42° 26'	− 34' 35"
CÓRDOBA	37° 53'	− 19' 07"	SALAMANCA	40° 57'	− 22' 40"
CORUÑA	43° 23'	− 33' 34"	SAN SEBATIÁN	43° 19'	− 7' 56"
CUENCA	40° 04'	− 8' 32"	STA. CRUZ DE		
ÉIBAR	43° 11'	− 11' 52"	TENERIFE	28° 28'	− 1h 5' 57"
ELCHE	38° 15'	− 2' 48"	SANTIAGO DE		
FRAGA	41° 32'	− 1' 24"	COMPOSTELA	42° 52'	− 34' 12"
FUERTEVENTURA	28° 30'	− 56' 00"	SANTANDER	43° 28'	− 15' 13"
GERONA	41° 59'	+ 11' 18"	SEGOVIA	40° 57'	− 16' 30"
GIJÓN	43° 32'	− 22' 48"	SEVILLA	37° 23'	− 23' 58"
GOMERA	28° 10'	− 1h 08 ' 20"	SORIA	41° 46'	− 9' 52"
GRANADA	37° 11'	− 14' 24"	TARRAGONA	41° 07'	+ 5' 02"
GUADALAJARA	40° 38'	− 12' 39"	TERUEL	40° 20'	− 4' 26"
HIERRO	27° 57'	− 1h 11' 44"	TOLEDO	39° 51'	− 16' 05"
HUELVA	37° 16'	− 27' 47"	TORTOSA	40° 49'	+ 2' 04"
HUESCA	42° 08'	− 1' 38"	TUDELA	42° 04'	− 6' 24"
IBIZA	38° 54'	+ 5' 44"	VALENCIA	39° 28'	− 1' 30"
JAÉN	37° 46'	− 15' 09"	VALLADOLID	41° 39'	− 18' 53"
LA PALMA	25° 40'	− 1h 11' 20"	VIELLA	42° 42'	+ 3' 16"
LANZAROTE	29° 00'	− 54' 40"	VIGO	42° 18'	− 34' 44"
LAS PALMAS G.C.	28° 06'	− 1 h 01' 40"	VITORIA	42° 51'	− 10' 42"
LEÓN	42° 36'	− 22' 16"	ZAMORA	41° 30'	− 23' 01"
LÉRIDA	41° 37'	+ 2' 30"	ZARAGOZA	41° 34'	− 3' 31"

La carta astral de nacimiento

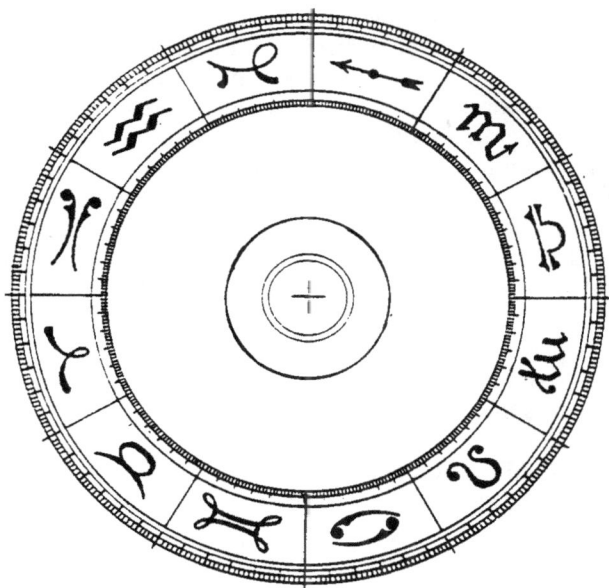

Fig. 1

El tema natal u horóscopo de nacimiento, consiste en representar mediante una gráfica, el cielo tal como se presentaba en el momento del nacimiento de una persona. El gráfico en blanco representa un círculo que a lo largo de la circunferencia muestra las 12 subdivisiones, de 30 cada una, de los signos del zodiaco (véase fig. 1).

Como vemos, los signos están representados mediante un símbolo particular llamado glifo: es necesario aprender a reconocer estos símbolos puesto que en todos los cuadros y las tablas utilizadas en astrología, los signos están indicados sólo mediante estas figuras.

ARIES ♈	LIBRA ♎
TAURO ♉	ESCORPIO ♏
GÉMINIS ♊	SAGITARIO ♐
CÁNCER ♋	CAPRICORNIO ♑
LEO ♌	ACUARIO ♒
VIRGO ♍	PISCIS ♓

Los datos necesarios para la redacción del tema natal son siempre: fecha, hora y lugar de nacimiento. Lo primero que se calcula es el ascendente, como se explica en el capítulo anterior; luego se realiza la domificación completa, que como recordamos consiste en la subdivisión del gráfico zodiacal en 12 sectores (las Casas), de las que el ascendente delimita el primer sector. Algo todavía más importante es que el ascendente representa uno de los cuatro puntos cardinales del tema: el oriente, puesto que se levanta en el horizonte en el momento del nacimiento. Diametralmente opuesto al ascendente es el descendente, que representa el ocaso y señala la VII Casa. El ascendente y el descendente forman un eje que delimita la línea del horizonte y subdivide el gráfico en dos partes iguales: la superior es el sector diurno del tema, y una concentración de planetas en esta parte señala una personalidad independiente, preparada para salir a la luz, para manifestarse en la vida exterior.

La mitad del gráfico que queda colocada bajo la línea del horizonte representa el sector nocturno del tema, y una prevalencia de planetas en este sector predispone a una mayor introversión, a una vida interior rica.

Recordamos que, de la misma forma que siguiendo la banda zodiacal la sucesión de los signos sigue un único sentido antihorario, también en la carta del cielo el ascendente se coloca siempre a la izquierda del gráfico, haciendo girar el círculo hasta que se encuentra en la posición correcta (véase fig. 2).

El punto más elevado del gráfico zodiacal es el Medio Cielo, que corresponde al sur del tema, que señala la X Casa: El Medio Cielo representa la realización del individuo, su proceder en la vida de forma autónoma. Opuesto al Medio Cielo se encuentra el Profundo Cielo, el norte del tema, que indica la IV Casa: los orígenes, el hogar y las raíces del individuo.

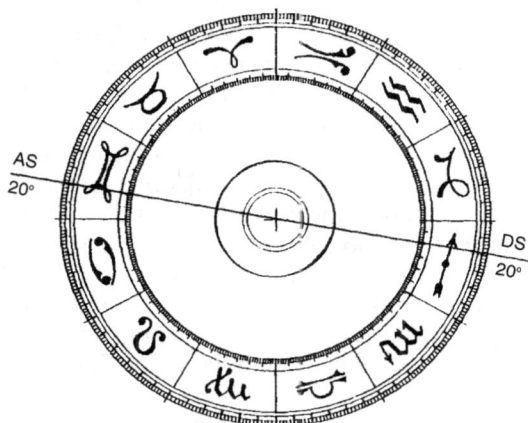

Fig. 2

El eje Medio Cielo - Profundo Cielo divide verticalmente el gráfico en dos partes iguales: la izquierda, si está reforzada por la presencia de muchos planetas, es señal de individualismo; si los planetas están dispuestos en mayoría en la mitad de la derecha, denotan mayor generosidad, extroversión y necesidad de los demás (véase fig. 3).

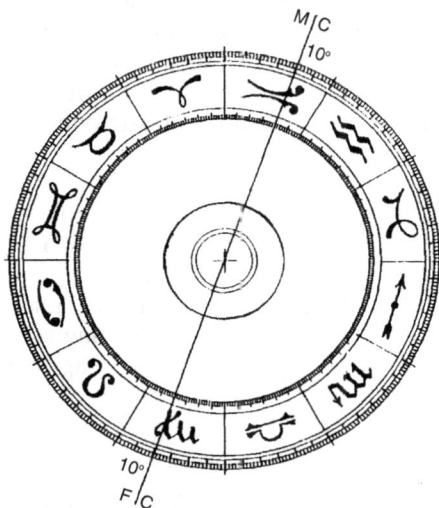

Fig. 3

61

Para efectuar la domificación, cuando ya dispongamos del tiempo sideral de nacimiento, es necesario disponer de una tabla de las Casas, un librito que muestra todas las posiciones de las Casas para las distintas latitudes geográficas[1]. Además, es necesario conocer la latitud del lugar de nacimiento, localizable en muchos manuales de astrología (escoger el de la propia capital de provincia). Para proseguir con el ejemplo anterior, será suficiente saber que la latitud de Burgos es de 42 06'. El tiempo sideral de nacimiento calculado en el capítulo anterior era de 9 h 47 min. Por comodidad se habían omitido los segundos: pero ahora hay que ser más precisos; por lo tanto, es necesario completar el cálculo indicando los segundos, que nos había proporcionado la longitud en tiempo. El tiempo sideral exacto será por lo tanto 9 h 47 min 49 s. El cuadro de la página 63 reproduce una página de las tablas de las Casas, para la latitud más cercana, entre las disponibles, a la latitud de Burgos (42 20').

En la columna titulada «Sidereal Time» se tiene que buscar el tiempo sideral más cercano al que examinamos (9 h 47 min 49 s). En este caso el tiempo sideral más cercano es de 9 h 49 min 09 s. (Estas pequeñas diferencias no deben preocuparnos: no siempre se encuentra un tiempo sideral idéntico al que se necesita, pero la diferencia es siempre mínima y no altera el resultado.)

Las siguientes columnas se titulan 10, 11, 12, ascend., 2, 3. Estas son las Casas cuya posición proporciona la tabla. Debajo del título se muestra el símbolo del signo en el que cada Casa cae respectivamente: se tiene que prestar particular atención a estos símbolos, que pueden variar incluso a lo largo de la columna cuando pasa los 30 . Los números indicados en las columnas señalan los grados del signo en el que cae la Casa. Después de localizar el tiempo sideral necesario, sobre la misma línea se encuentran las posiciones de las Casas. Para el ejemplo en cuestión se tiene:

10 Casa (Medio Cielo):	25 Leo
11 Casa:	27 Virgo
12 Casa:	23 Libra
Ascend (I Casa):	14 16' Escorpio
2 Casa:	14 Sagitario
3 Casa:	18 Capricornio

1. Las ediciones que se encuentran más fácilmente son: *Raphael's Tables of Houses*; Chacornac, *Tables des Maisons*, Ed. Traditionnelles, París; *A-P Tables of Houses*, *The Aries Press*, Chicago; Ciro Discepolo, *Le Tavole delle Case*, Ed. Armenia.

TABLAS DE LAS CASAS — latitud 42° 42′ N

Tiempo sideral H M S	10 ♈	11 ♉	12 ♊	Ascend. ♋	2 ♌	3 ♍
0 0 0	0	7	16	20 10	9	1
0 3 40	1	8	17	20 55	10	2
0 7 20	2	9	18	21 39	11	3
0 11 0	3	10	19	22 23	12	4
0 14 41	4	11	20	23 7	12	5
0 18 21	5	12	21	23 51	13	6
0 23 2	6	13	22	24 35	14	7
0 25 42	7	14	23	25 19	15	7
0 29 23	8	15	24	26 2	15	8
0 33 4	9	16	24	26 46	16	9
0 36 45	10	17	25	27 29	17	10
0 40 26	11	18	26	28 13	18	11
0 44 8	12	19	27	28 57	18	12
0 47 50	13	20	28	29 41	19	13
0 51 32	14	21	29	0♋ 24	20	14
0 55 14	15	22	30	1 7	21	14
0 58 57	16	23	♋	1 51	21	15
1 2 40	17	24	1	2 34	22	16
1 6 23	18	25	2	3 17	23	17
1 10 7	19	26	3	4 1	24	18
1 13 51	20	27	4	4 44	25	19
1 17 35	21	28	5	5 28	25	20
1 21 20	22	29	6	6 12	26	21
1 25 6	23	♋	6	6 55	27	22
1 28 52	24	1	7	7 39	28	23
1 32 38	25	2	8	8 23	29	23
1 36 25	26	3	9	9 6	29	24
1 40 12	27	4	10	9 50	♍	25
1 44 0	28	5	11	10 34	1	26
1 47 48	29	6	11	11 18	2	27
1 51 37	30	7	12	12 2	3	28

Tiempo sideral H M S	10 ♉	11 ♊	12 ♋	Ascend. ♌	2 ♍	3 ♎
1 51 37	0	7	12	12 2	3	28
1 55 27	1	8	13	12 47	3	29
1 59 17	2	9	14	13 31	4	♎
2 3 8	3	10	15	14 15	5	1
2 6 59	4	11	15	14 59	6	2
2 10 51	5	12	16	15 44	7	3
2 14 44	6	13	17	16 28	7	3
2 18 37	7	14	18	17 13	8	4
2 22 31	8	15	19	17 58	9	5
2 26 25	9	15	20	18 43	10	6
2 30 20	10	16	20	19 29	11	7
2 34 16	11	17	21	20 14	12	8
2 38 13	12	18	22	20 59	12	9
2 42 10	13	19	23	21 44	13	10
2 46 8	14	20	24	22 30	14	11
2 50 7	15	21	25	23 16	15	12
2 54 7	16	22	25	24 2	16	13
2 58 7	17	23	26	24 48	17	14
3 2 8	18	24	27	25 35	18	15
3 6 9	19	25	28	26 21	18	16
3 10 12	20	26	29	27 7	19	17
3 14 15	21	27	♌	27 54	20	18
3 18 19	22	28	1	28 41	21	19
3 22 23	23	29	1	29 28	22	20
3 26 29	24	30	2	0♍ 15	23	21
3 30 35	25	♋	3	1 3	24	22
3 34 41	26	1	4	1 50	25	23
3 38 49	27	2	5	2 38	25	24
3 42 57	28	3	6	3 25	26	24
3 47 6	29	4	7	4 13	27	25
3 51 15	30	5	7	5 1	28	26

Tiempo sideral H M S	10 ♊	11 ♋	12 ♌	Ascend. ♍	2 ♎	3 ♏
3 51 15	0	5	7	5 1	28	26
3 55 25	1	6	8	5 50	29	27
3 59 36	2	7	9	6 39	♎	28
4 3 48	3	8	10	7 27	1	29
4 8 0	4	9	11	8 16	2	♏
4 12 13	5	10	12	9 4	3	1
4 16 26	6	11	13	9 53	3	2
4 20 40	7	12	14	10 42	4	3
4 24 55	8	13	15	11 31	5	4
4 29 10	9	14	15	12 21	6	5
4 33 26	10	15	16	13 11	7	6
4 37 42	11	16	17	14 0	8	7
4 41 59	12	17	18	14 50	9	8
4 46 16	13	18	19	15 40	10	9
4 50 34	14	19	20	16 30	11	10
4 54 52	15	20	21	17 20	12	11
4 59 10	16	20	22	18 10	13	12
5 3 29	17	21	22	19 0	14	13
5 7 49	18	22	23	19 50	15	14
5 12 9	19	23	24	20 41	15	15
5 16 29	20	24	25	21 32	16	16
5 20 49	21	25	26	22 22	17	17
5 25 9	22	26	27	23 13	18	18
5 29 30	23	27	28	24 4	19	19
5 33 51	24	28	29	24 55	20	20
5 38 12	25	29	♍	25 45	21	21
5 42 34	26	♌	1	26 36	22	22
5 46 55	27	1	2	27 27	23	23
5 51 17	28	2	2	28 18	24	24
5 55 38	29	3	3	29 9	25	25
6 0 0	30	4	4	30 0	26	26

Tiempo sideral H M S	10 ♋	11 ♌	12 ♍	Ascend. ♎	2 ♎	3 ♏
6 0 0	0	4	4	0 0	26	26
6 4 22	1	5	5	0 51	27	27
6 8 43	2	6	6	1 42	28	28
6 13 5	3	7	7	2 33	28	29
6 17 26	4	8	8	3 24	29	♐
6 21 48	5	9	9	4 15	♏	1
6 26 9	6	10	10	5 5	1	2
6 30 30	7	11	11	5 56	2	3
6 34 51	8	12	12	6 47	3	4
6 39 11	9	13	13	7 38	4	5
6 43 31	10	14	14	8 28	5	6
6 47 51	11	15	15	9 19	6	7
6 52 11	12	16	15	10 10	7	8
6 56 31	13	17	16	11 0	8	9
7 0 50	14	18	17	11 50	8	10
7 5 8	15	19	18	12 40	9	10
7 9 26	16	20	19	13 30	10	11
7 13 44	17	21	20	14 20	11	12
7 18 1	18	22	21	15 10	12	13
7 22 18	19	23	22	16 0	13	14
7 26 34	20	24	23	16 49	14	15
7 30 50	21	25	24	17 39	15	16
7 35 5	22	26	25	18 29	15	17
7 39 20	23	27	26	19 18	16	18
7 43 34	24	28	27	20 7	17	19
7 47 47	25	29	27	20 56	18	20
7 52 0	26	♍	28	21 44	19	21
7 56 12	27	1	29	22 33	20	22
8 0 24	28	2	♎	23 21	21	23
8 4 35	29	3	1	24 10	22	24
8 8 45	30	4	2	24 59	23	25

Tiempo sideral H M S	10 ♌	11 ♍	12 ♎	Ascend. ♎	2 ♏	3 ♐
8 8 45	0	4	2	24 59	23	25
8 12 54	1	5	3	25 47	23	26
8 17 3	2	6	4	26 35	24	27
8 21 11	3	6	5	27 22	25	28
8 25 19	4	7	5	28 10	26	29
8 29 26	5	8	6	28 57	27	♑
8 33 31	6	9	7	29 45	28	1
8 37 37	7	10	8	0♏ 32	29	2
8 41 41	8	11	9	1 19	29	3
8 45 45	9	12	10	2 6	♐	4
8 49 48	10	13	11	2 53	1	5
8 53 51	11	14	12	3 39	2	6
8 57 52	12	15	12	4 25	3	7
9 1 53	13	16	13	5 12	4	8
9 5 53	14	17	14	5 58	5	9
9 9 53	15	18	15	6 44	6	10
9 13 52	16	19	16	7 30	6	11
9 17 50	17	20	17	8 16	7	12
9 21 47	18	21	18	9 1	8	13
9 25 44	19	22	18	9 46	9	14
9 29 40	20	23	19	10 31	10	15
9 33 35	21	24	20	11 17	10	16
9 37 29	22	25	21	12 2	11	17
9 41 23	23	26	21	12 47	12	18
9 45 16	24	27	22	13 32	13	18
9 49 9	25	27	23	14 16	14	19
9 53 1	26	28	24	15 1	15	20
9 56 52	27	29	25	15 46	15	21
10 0 42	28	♎	26	16 31	16	22
10 4 33	29	1	27	17 13	17	22
10 8 23	30	2	27	17 58	18	23

Tiempo sideral H M S	10 ♍	11 ♎	12 ♏	Ascend. ♏	2 ♐	3 ♑
10 8 23	0	2	27	17 58	18	23
10 12 12	1	3	28	18 42	19	24
10 16 0	2	4	29	19 26	19	25
10 19 48	3	5	♏	20 10	20	26
10 23 35	4	6	1	20 54	21	27
10 27 22	5	7	1	21 37	22	28
10 31 8	6	7	2	22 21	23	29
10 34 54	7	8	3	23 5	24	♒
10 38 40	8	9	4	23 48	24	1
10 42 25	9	10	5	24 32	25	2
10 46 9	10	11	6	25 16	26	3
10 49 53	11	12	6	25 59	27	4
10 53 37	12	13	7	26 43	28	5
10 57 20	13	14	8	27 26	29	6
11 1 3	14	15	9	28 9	♑	7
11 4 46	15	16	10	28 52	1	8
11 8 28	16	17	11	29 36	2	9
11 12 10	17	17	11	0♐ 20	3	10
11 15 52	18	18	12	1 4	4	11
11 19 34	19	19	13	1 47	5	12
11 23 15	20	20	14	2 31	5	13
11 26 56	21	20	15	3 14	6	14
11 30 37	22	21	15	3 58	7	15
11 34 18	23	22	16	4 41	8	16
11 37 58	24	23	17	5 25	9	17
11 41 39	25	24	17	6 9	10	18
11 45 19	26	25	18	6 53	10	19
11 49 0	27	26	19	7 37	11	20
11 52 40	28	27	20	8 21	12	21
11 56 20	29	28	20	9 5	13	22
12 0 0	30	29	21	9 50	14	23

63

Se aconseja anotar estos datos sobre una hoja antes de representar-
los sobre el gráfico para evitar tener que repetir varias veces la consulta
de la tabla.

Las tablas proporcionan la posición de seis Casas sólo, porque
cada una cuenta con otra diametralmente opuesta, que se sitúa en el
mismo grado del signo opuesto. Al representar las posiciones de las
Casas sobre el gráfico, esto resulta evidente y muy sencillo.

Antes de dibujar las líneas que delimitan las Casas, es necesario
colocar el gráfico en la posición correcta, haciéndolo girar hasta que
el signo correspondiente al ascendente se encuentre a la izquierda.
En nuestro caso es el signo de Escorpio el que se debe colocar a la
izquierda. Utilizando una regla, se puede dibujar la línea del ascendente, que partirá de los 14 16' del Escorpio (el gráfico está gra-
duado para ello) y atravesando el centro del círculo acabará en los
14 16' de Tauro, signo opuesto al Escorpio: de esta forma se habrá
señalado también el descendente. Puesto que se trata de una línea
que tiene una gran importancia, se tiene que resaltar alargándola
más allá de la circunferencia. Con el mismo sistema se dibuja la
línea del eje Medio Cielo - Profundo Cielo que partirá de los 25 de
Leo (X Casa) y llegará a los 25 de Acuario (IV Casa). También esta
línea tiene que resaltarse como la anterior. Con el mismo sistema se
tienen que dibujar las Casas 11 y 5 (27 de Virgo - 27 de Piscis), 12
y 6 (23 de Libra - 23 de Aries), 2 y 8 (14 de Sagitario - 14 de
Géminis), 3 y 9 (18 de Capricornio - 18 de Cáncer). Pero estas
líneas no es necesario resaltarlas, tienen que acabarse en el borde
interno de la circunferencia.

A estas alturas, la domificación está completa: para terminar
esta parte del trabajo será suficiente con señalar el número de cada
Casa en el espacio correspondiente, recordando que se tienen que
utilizar los números romanos para la I, la IV, la VII y la X Casa: las
delimitadas por los ejes ascendente-descendente, Medio Cielo-Pro-
fundo Cielo, que reciben el nombre de Casas cardinales puesto que
señalan los cuatro sectores fundamentales (o cuadrantes) del tema.

La fig. 4 de la página siguiente muestra cómo se presenta el gráfico al final de esta fase de trabajo.

La persona que posee las tablas de las Casas podrá realizar la misma operación para construir su tema y señalar las posiciones de las
Casas sobre la ficha astrológica personal en la pág. 48.

La segunda fase del trabajo de construcción del tema astral consiste en reproducir en el gráfico subdividido de esta forma, las posiciones
que tenían los planetas en el momento de producirse el nacimiento.
Para realizar esto es necesario disponer de las ya citadas efemérides[2],

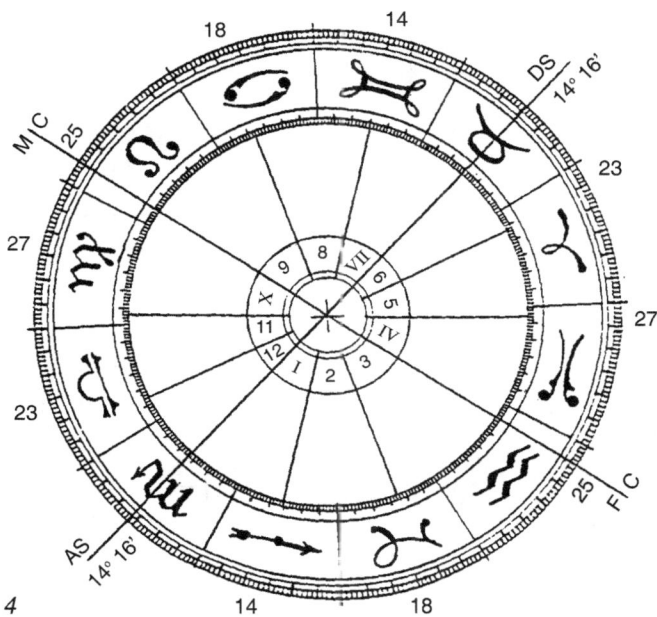

NACIMIENTO OCURRIDO EN BURGOS
EL 15 DE JUNIO DE 1970 - A LAS 17,30 HORAS (HORA OFICIAL)

Fig. 4

un instrumento indispensable para el astrólogo, que proporciona las longitudes de todos los planetas en los signos, especificados en grados, minutos y segundos. En las págs. 66 y 67 se presenta una versión de una tabla de efemérides, relativa al periodo que se examina para nuestro ejemplo (mes de junio de 1970). Antes de realizar la consulta, recordamos que los signos se representan mediante los símbolos anteriormente ilustrados; también los planetas se representan con su símbolo gráfico, que ilustraremos uno por uno.

Así pues, empezaremos examinando las efemérides.

2. Las ediciones que se encuentran más fácilmente son: *The Rosacruciam Ephemeris 1900-2000*, Int. Ed. Maison Rosacrucienne (para las horas 00.00); Neil. F. Michelsen, *The American Ephemeris 1900-2000*, Ed. Astro Computing Services (para las horas 00.00); Barth, *Die Deutsche Ephemeride* (decenal, para las horas 00.00); *Raphael's Ephemeris*, Ed. Foulsham & Co. (anuales, para las horas 12.00).

Fecha	Tiempo sideral	☉	☽	☿	♀
	h min s	′ ″	′ ″	′ ″	′ ″
1 Lu	16 36 15	10♊05 42	2♉13 19	16♉40 8	11♋17 0
2 Ma	16 40 12	11 03 13	15 37 14	17 24 5	12 28 7
3 Mi	16 44 08	12 00 43	28 49 22	18 12 0	13 40 4
4 Ju	16 48 05	12 58 12	11♊48 14	19 03 2	14 52 1
5 Vi	16 52 01	13 55 40	24 32 42	19 57 9	16 03 7
6 Sa	16 55 58	14 53 08	7♋02 26	20 56 1	17 15 2
7 Do	16 59 55	15 50 34	19 18 08	21 57 8	18 26 7
8 Lu	17 03 51	16 47 59	1♌21 35	23 02 8	19 38 1
9 Ma	17 07 48	17 45 23	13 15 41	24 11 0	20 49 5
10 Mi	17 11 44	18 42 46	25 04 22	25 22 5	22 00 8
11 Ju	17 15 41	19 40 08	6♍52 16	26 37 1	23 12 1
12 Vi	17 19 37	20 37 29	18 44 35	27 54 9	24 23 3
13 Sa	17 23 34	21 34 49	0♎46 46	29 15 7	25 34 4
14 Do	17 27 31	22 32 08	13 04 10	0♊39 7	26 45 5
15 Lu	17 31 27	23 29 26	25 41 35	2 06 6	27 56 5
16 Ma	17 35 24	24 26 43	8♏42 44	3 36 5	29 07 4
17 Mi	17 39 20	25 24 00	22 09 38	5 09 4	0♌18 4
18 Ju	17 43 17	26 21 15	6♐02 03	6 45 3	1 29 0
19 Vi	17 47 13	27 18 31	20 17 09	8 24 1	2 39 8
20 Sa	17 51 10	28 15 46	4♑49 37	10 05 9	3 50 4
21 Do	17 55 06	29 13 00	19 32 25	11 50 4	5 01 0
22 Lu	17 59 03	0♋10 14	4♒17 49	13 37 8	6 11 5
23 Ma	18 03 00	1 07 27	18 58 45	15 27 9	7 21 9
24 Mi	18 06 56	2 04 41	3♓29 41	17 20 7	8 32 3
25 Ju	18 10 53	3 01 54	17 47 03	19 16 1	9 42 5
26 Vi	18 14 49	3 59 07	1♈49 09	21 13 9	10 52 8
27 Sa	18 18 46	4 56 20	15 35 42	23 14 0	12 02 9
28 Do	18 22 42	5 53 34	29 07 14	25 16 3	13 12 9
29 Lu	18 26 39	6 50 47	12♉24 36	27 20 4	14 22 9
30 Ma	18 30 35	7♋48 00	25 28 37	29♊26 4	15♌32 8

EFEMÉRIDES RELATIVAS A JUNIO DE 1970

♂		♃		♄		♅		♆		♇	
'	"	'	"	'	"	'	"	'	"	'	"
29 ♊ 08	9	26 ♎R 48	9	15 ♉R 47	0	4 ♎R 42	8	29 ♏R 13	8	24 ♍R 40	8
29 48	7	26 45	1	15 54	3	4 42	2	29 12	2	24 40	7
0 ♋ 28	4	26 41	4	16 01	5	4 41	7	29 10	6	24 40	6
1 08	1	26 37	9	16 08	7	4 41	2	29 09	0	24 40	6
1 47	7	26 34	5	16 15	8	4 40	8	29 07	5	24 40	5
2 27	4	26 31	3	16 22	9	4 40	4	29 05	9	24 40	6
3 07	0	26 28	3	16 30	0	4 40	1	29 04	4	24 40	6
3 46	6	26 25	5	16 37	1	4 39	9	29 02	8	24 40	7
4 26	1	26 22	8	16 44	1	4 39	6	29 01	3	24 40	4
5 05	6	26 20	3	16 51	0	4 39	5	29 59	8	24 40	9
5 45	1	26 18	0	16 58	0	4 39	4	28 58	3	24 41	1
6 24	6	26 15	9	17 04	9	4 39	3	28 56	8	24 41	3
7 04	0	26 13	9	17 11	7	4 39	4	28 55	3	24 41	5
7 43	4	26 12	2	17 18	5	4 39	4	28 53	9	24 41	8
8 22	8	26 10	6	17 25	3	4 39	5	28 52	4	24 42	1
9 02	1	26 09	1	17 32	0	4 39	7	28 51	0	24 42	4
9 41	4	26 07	9	17 38	6	4 39	9	28 49	6	24 42	8
10 20	7	26 06	8	17 45	3	4 40	2	28 48	2	24 43	2
11 00	0	26 06	0	17 51	8	4 40	5	28 46	8	24 43	6
11 39	2	26 05	3	17 58	4	4 40	9	28 45	4	24 44	1
12 18	4	26 04	8	18 04	8	4 41	3	28 44	1	24 44	6
12 57	6	26 04	4	18 11	3	4 41	8	28 42	8	24 45	1
13 36	8	26 04	3	18 17	6	4 42	3	28 41	4	24 45	7
14 15	9	26 04	3	18 23	9	4 42	9	28 40	1	24 46	3
14 55	1	26 04	5	18 30	2	4 43	6	28 39	9	24 46	9
15 34	2	26 04	8	18 36	4	4 44	3	28 37	6	24 47	5
16 13	2	26 05	4	18 42	6	4 45	0	28 36	4	24 48	2
16 52	3	26 06	1	18 48	7	4 45	8	28 35	1	24 48	9
17 31	3	26 07	0	18 54	7	4 46	7	28 33	9	24 49	7
18 ♋ 10	4	26 ♎ 08	1	19 ♉ 00	7	4 ♎ 47	6	28 ♏ 32	8	24 ♍ 50	4

Empezando por la izquierda, la primera columna cita el día del mes y de la semana. La segunda columna, titulada «tiempo sideral», proporciona la hora sideral para las horas 00.00 del día que se considera, que como se ve corresponde con el tiempo sideral proporcionado en el cuadro de la pág. 57, una tabla resumida y que por lo tanto no es exacta al segundo. Recordaremos que la hora sideral sirve para efectuar la domificación. (La mayor parte de las efemérides que se encuentran en las librerías proporcionan la hora sideral y las longitudes de los planetas para las horas 00.00, pero en algunas ediciones se proporcionan para las horas 12.00: de todos modos, en cada edición se especifica claramente el horario al que se refieren los datos.) Es importante recordar que las horas 00.00 (o 12.00) se entienden para el tiempo del meridiano de Greenwich: por lo tanto, para los cálculos es necesario utilizar la hora de nacimiento (en el ejemplo las 17 h 30 min), oportunamente corregida mediante la resta de una hora de huso y de otra hora posterior en el caso de hora oficial estival. Para el ejemplo en cuestión, la hora que se debe tener en consideración corresponde por lo tanto con las 16 h 30 min.

En la tercera columna se cita la longitud del Sol (símbolo gráfico: ⊙). Para no complicar las cosas con muchos cálculos, será suficiente tener como válida esta posición para los nacimientos anteriores a las horas 12 y redondearla al grado superior para los nacimientos posteriores a las horas 12. En nuestro caso, la posición del Sol se encuentra a 24 de Géminis, que se anotará en una hoja como todas las siguientes.

La cuarta columna da la longitud de la Luna (símbolo gráfico: ☽). El satélite terrestre es el astro que se desplaza con mayor velocidad y por lo tanto su posición cambia mucho día a día, como media un grado cada 2 horas; para determinar su posición con una buena aproximación tenemos que hacer lo siguiente: la longitud de la Luna para las horas 00.00 del día tomado como ejemplo (15 de junio) es de 25 41' 35'' en Libra. El horario de nacimiento corregido es el de 16 h 30 min. En este intervalo de tiempo la Luna se habrá desplazado unos 8 15' (la mitad de 16 h y 30 min). Eliminando los segundos por comodidad, tendremos: 25 41' + 8 15' = 33 56'. Pero este resultado necesita una corrección: de hecho, cada signo consta de 30 y, cuando la longitud de un planeta supera, como sucede en este caso, los 30, significa que el astro ha pasado al signo siguiente. En nuestro caso la posición de la Luna es de 3 56' en Escorpio (signo que sigue a Libra).

La quinta columna cita la longitud de Mercurio (símbolo gráfico: ☿). La longitud de Mercurio para las horas 00.00 del día 15 es de 2 06' en Géminis.

La sexta columna cita la longitud de Venus (símbolo gráfico: ♀). La longitud de Venus para las horas 00.00 del día 15 es de 27 56' en Cáncer.

La séptima columna da la longitud de Marte (símbolo gráfico: ♂). La longitud de Marte para las horas 00.00 del día 15 es de 8 22' en Cáncer.

Para obtener la posición precisa de estos tres planetas, los más rápidos después de la Luna, para la hora de nacimiento, es necesario efectuar la interpolación, es decir la corrección de la longitud según el movimiento diario del astro en ese periodo.

Existen tablas especiales para facilitar este cálculo, que de todos modos no es necesario explicar con detalle en este libro: para empezar será suficiente dar como válida la posición de los planetas para las horas 00.00.

La octava columna muestra la longitud de Júpiter (símbolo gráfico: ♃). La longitud de Júpiter para las horas 00.00 del día 15 es de 26 10' en Libra. En la primera línea de esta columna encontramos, cerca de la indicación del signo zodiacal, una R: sirve para indicar que el planeta está en fase de movimiento retrógrado, es decir, está recorriendo hacia atrás la banda zodiacal.

Esta particularidad se tiene que señalar, añadiendo una R cerca de la posición del planeta.

La novena columna proporciona la longitud de Saturno (símbolo gráfico: ♄). La longitud de Saturno para las horas 00.00 del día 15 es de 17 25' en Tauro.

La décima columna muestra la longitud de Urano (símbolo gráfico: ♅ o ⚵). La longitud de Urano para las horas 00.00 del día 15 es de 4 39' en Libra.

También en la primera línea de esta columna aparece la R que señala la fase de movimiento retrógrado; pero más adelante aparece una D, que indica que el planeta ha retomado el movimiento directo y no se anota por lo tanto nada de particular.

La onceava columna da la longitud de Neptuno (símbolo gráfico: ♆). La longitud de Neptuno para las horas 00.00 del día 15 es de 28 52' en Escorpio (en fase de movimiento retrógrado).

La doceava columna muestra la longitud de Plutón (símbolo gráfico: ♇). La longitud de Plutón para las horas 00.00 del día 15 es de 24 42' en Virgo.

A estas alturas, se señalarán en el gráfico las posiciones de los planetas (véase fig. 5).

El gráfico natal está completo de esta forma y muestra la posición de los planetas en los signos y en las Casas.

Quien posea las efemérides podrá, después de haber obtenido las posiciones planetarias relativas al propio horóscopo, representarlas en la ficha astrológica personal de la pág. 48. Para los que no dispongan de efemérides, en las págs. 83-94 se muestran las tablas resumen con las posiciones de los planetas Júpiter, Saturno, Urano, Neptuno y Plutón. Para los planetas más rápidos, Mercurio, Venus y Marte, en cambio, es indispensable hacer referencia a las efemérides.

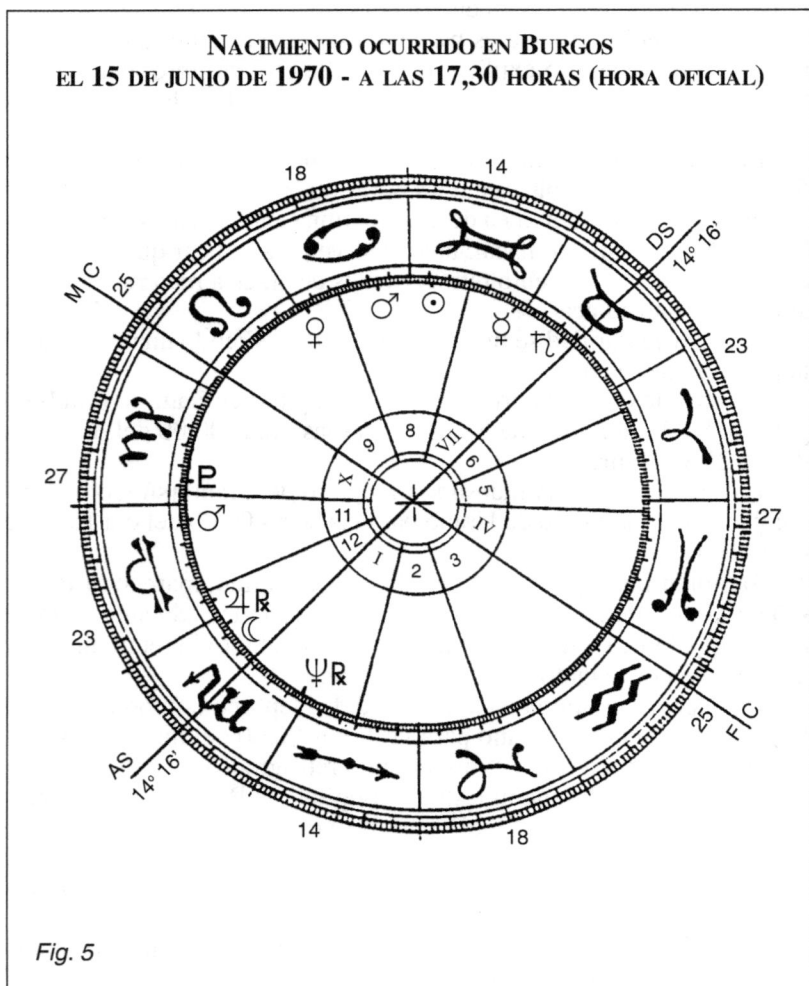

NACIMIENTO OCURRIDO EN BURGOS
EL 15 DE JUNIO DE 1970 - A LAS 17,30 HORAS (HORA OFICIAL)

Fig. 5

Significado de los planetas

Luna

Simboliza la esfera sensible-receptiva de la persona, la capacidad de imaginación, de asimilación y de intuición; en el plano del carácter, indica emotividad, predisposición a la impresionabilidad, a la inquietud o a la melancolía, pero también al talento, la fantasía y al capricho. Regula además las reacciones individuales a la multiplicidad de las situaciones externas y por lo tanto a la adaptabilidad; representa el cambio de las circunstancias, la gente, la muchedumbre; regula las cualidades mágicas no explicables racionalmente, la atracción más íntima y secreta, las premoniciones y los dones extrasensoriales.

La Luna representa la unión con la figura materna, la imagen de la propia madre que uno lleva consigo; en los temas de mujeres indica el tipo de feminidad, las expectativas emotivas y la forma de comportarse en relación con el otro sexo; en temas masculinos representa la consideración por la mujer, la imagen femenina más deseada. La Luna se une además con la familia y con el ambiente doméstico, con la infancia de la persona: su posición en el tema indica si subsisten inseguridades o infantilismos que se remontan a las primeras experiencias de la vida y al apego con la familia; indica la necesidad de protección, la pasividad, el desinterés, la influenciabilidad, la capacidad de insertarse más o menos armoniosamente en las corrientes de la vida, la sociabilidad, la cordialidad, la disponibilidad, el candor, la confianza, la necesidad de compañía y de apoyo.

Cuando se encuentra en posición dominante en el tema astral, la Luna determina un carácter inestable, con inclinaciones a la pereza física y al desasosiego psíquico; fantasioso e inspirado, el individuo

TABLA -A- PARA BUSCAR LA POSICIÓN DE LA LUNA											
	En.	Feb.	Mar.	Abr.	May.	Jun.	Jul.	Ag.	Sept.	Oct.	Nov.	Dic.
1920	2,7	6,4	8,1	11,8	14,4	18,1	20,8	24,5	0,8	3,5	7,2	9,9
1921	13,5	17,2	17,9	21,6	24,3	0,6	3,3	7,0	10,7	13,3	17,0	19,7
1922	23,4	27,0	0,4	4,1	6,8	10,4	13,1	16,8	20,5	23,2	26,8	2,2
1923	5,9	9,5	10,2	13,9	16,6	20,3	22,9	26,6	3,0	5,6	9,3	12,0
1924	15,7	19,4	21,0	24,7	0,1	3,8	6,4	10,1	13,8	16,5	20,1	22,8
1925	26,5	2,9	3,5	7,2	9,9	13,6	16,3	19,9	23,6	26,3	2,6	5,3
1926	9,0	12,7	13,4	17,0	19,7	23,4	26,1	2,4	6,1	8,8	12,5	15,1
1927	18,8	22,5	23,2	26,9	2,2	5,9	8,6	12,2	15,9	18,6	22,3	25,0
1928	1,3	5,0	6,7	10,4	13,0	16,7	19,4	23,1	26,7	2,1	5,8	8,5
1929	12,1	15,8	16,5	20,2	22,9	26,5	1,9	5,6	9,2	11,9	15,6	18,3
1930	22,0	25,6	26,3	2,7	5,3	9,0	11,7	15,4	19,1	21,7	25,4	0,8
1931	4,5	8,1	8,8	12,5	15,2	18,8	21,5	25,2	1,6	4,2	7,9	10,6
1932	14,3	18,0	19,6	23,3	26,0	2,3	5,0	8,7	12,4	15,1	18,7	21,4
1933	25,1	1,5	2,1	5,8	8,5	12,2	14,8	18,5	22,2	24,9	1,2	3,9
1934	7,6	11,3	11,9	15,6	18,3	22,0	24,7	1,0	4,7	7,4	11,1	13,7
1935	17,4	21,1	21,8	25,4	0,8	4,5	7,2	10,8	14,5	17,2	20,9	23,6
1936	27,2	3,6	5,3	8,9	11,6	15,3	18,0	21,7	25,3	0,7	4,4	7,1
1937	10,7	14,4	15,1	18,8	21,4	25,1	0,5	4,2	7,8	10,5	14,2	16,9
1938	20,5	24,2	24,9	1,3	3,9	7,6	10,3	14,0	17,7	20,3	24,0	26,7
1939	3,0	6,7	7,4	11,1	13,8	17,4	20,1	23,8	0,2	2,8	6,5	9,2
1940	12,9	16,5	18,2	21,9	24,6	0,9	3,6	7,3	11,0	13,6	17,3	20,0
1941	23,7	0,0	0,7	4,4	7,1	10,8	13,4	17,1	20,8	23,5	27,1	2,5
1942	6,2	9,9	10,5	14,2	16,9	20,6	23,3	26,9	3,3	6,0	9,6	12,3
1943	16,0	19,7	20,4	24,0	26,7	3,1	5,8	9,4	13,1	15,8	19,5	22,1
1944	25,8	2,2	3,9	7,5	10,2	13,9	16,6	20,2	23,9	26,6	3,0	5,6
1945	9,3	13,0	13,7	17,4	20,0	23,7	26,4	2,7	6,4	9,1	12,8	15,5
1946	19,1	22,8	23,5	27,2	2,5	6,2	8,9	12,6	16,2	18,9	22,6	25,3
1947	1,6	5,3	6,0	9,7	12,4	16,0	18,7	22,4	26,1	1,4	5,1	7,8
1948	11,5	15,1	16,8	20,5	23,2	26,8	2,2	5,9	9,6	12,2	15,9	18,6
1949	22,3	26,0	26,6	3,0	5,7	9,3	12,0	15,7	19,4	22,1	25,7	1,1
1950	4,8	8,5	9,1	12,8	15,5	19,2	21,8	25,5	1,9	4,6	8,2	10,9
1951	14,6	18,3	18,9	22,6	25,3	1,7	4,3	8,0	11,7	14,4	18,1	20,7
1952	24,4	0,8	2,4	6,1	8,8	12,5	15,2	18,8	22,5	25,2	1,6	4,2
1953	7,9	11,6	12,3	15,9	18,6	22,3	25,0	1,3	5,0	7,7	11,4	14,1
1954	17,7	21,4	22,1	25,8	1,1	4,8	7,5	11,2	14,8	17,5	21,2	23,9

	En.	Feb.	Mar.	Abr.	May.	Jun.	Jul.	Ag.	Sept.	Oct.	Nov.	Dic.
					TABLA -A- PARA BUSCAR LA POSICIÓN DE LA LUNA							

	En.	Feb.	Mar.	Abr.	May.	Jun.	Jul.	Ag.	Sept.	Oct.	Nov.	Dic.
1955	0,2	3,9	4,6	8,3	10,9	14,6	17,3	21,0	24,7	0,0	3,7	6,4
1956	10,0	13,7	15,4	19,1	21,8	25,4	0,8	4,5	8,2	10,8	14,5	17,2
1957	20,9	24,5	25,2	1,6	4,3	7,9	10,6	14,3	18,0	20,7	24,3	27,0
1958	3,4	7,0	7,7	11,4	14,1	17,8	20,4	24,1	0,5	3,1	6,8	9,5
1959	13,2	16,9	17,5	21,2	23,9	0,3	2,9	6,6	10,3	13,0	16,6	19,3
1960	23,0	26,7	1,0	4,7	7,4	11,1	13,8	17,4	21,1	23,8	0,1	2,8
1961	6,5	10,2	10,9	14,5	17,2	20,9	23,6	27,2	3,6	6,3	10,0	12,6
1962	16,3	20,0	20,7	24,4	27,0	3,4	6,1	9,7	13,4	16,1	19,8	22,5
1963	26,1	2,5	3,2	6,9	9,5	13,2	15,9	19,6	23,2	25,9	2,3	5,0
1964	8,6	12,3	14,0	17,7	20,4	24,0	26,7	3,1	6,7	9,4	13,1	15,8
1965	19,5	23,1	23,8	0,2	2,8	6,5	9,2	12,9	16,6	19,2	22,9	25,6
1966	2,0	5,6	6,3	10,0	12,7	16,3	19,0	22,7	26,4	1,7	5,4	8,1
1967	11,8	15,5	16,1	19,8	22,5	26,2	1,5	5,2	8,9	11,6	15,2	17,9
1968	21,6	25,3	27,0	3,3	6,0	9,7	12,3	16,0	19,7	22,4	26,1	1,4
1969	5,1	8,8	9,4	13,1	15,8	19,5	22,2	25,8	2,2	4,9	8,6	11,2
1970	14,9	18,6	19,3	22,9	25,6	2,0	4,7	8,3	12,0	14,7	18,4	21,1
1971	24,7	1,1	1,8	5,4	8,1	11,8	14,5	18,2	21,8	24,5	0,9	3,5
1972	7,2	10,9	12,6	16,3	18,9	22,5	25,3	1,7	5,3	8,0	11,7	14,4
1973	18,0	21,7	22,4	26,1	1,4	5,1	7,8	11,5	15,2	17,8	21,5	24,2
1974	0,5	4,2	4,9	8,6	11,3	14,9	17,6	21,3	25,0	0,3	4,0	6,7
1975	10,4	14,0	14,7	18,4	21,1	24,8	0,1	3,8	7,5	10,1	13,8	16,5
1976	20,2	23,9	25,5	1,9	4,6	8,3	10,9	14,6	18,3	21,0	24,6	0,0
1977	3,7	7,4	8,0	11,7	14,4	18,1	20,8	24,4	0,8	3,5	7,1	9,8
1978	13,5	17,2	17,9	21,5	24,2	0,6	3,3	6,9	10,6	13,3	17,0	19,6
1979	23,3	27,0	0,4	4,0	6,7	10,4	13,1	16,7	20,4	23,1	26,8	2,1
1980	5,8	9,5	11,2	14,9	17,5	21,2	23,9	0,2	3,9	6,6	10,3	13,0
1981	16,6	20,3	21,0	24,7	0,0	3,7	6,4	10,1	13,7	16,4	20,1	22,8
1982	26,5	2,8	3,5	7,2	9,8	13,5	16,2	19,9	23,6	26,2	2,6	5,3
1983	9,0	12,6	13,3	17,0	19,7	23,3	26,0	2,4	6,1	8,7	12,4	15,1
1984	18,8	22,5	24,1	0,5	3,2	6,8	9,5	13,2	16,9	19,6	23,2	25,9
1985	2,3	6,0	6,6	10,3	13,0	16,7	19,3	23,0	26,7	2,1	5,7	8,4
1986	12,1	15,8	16,4	20,1	22,8	26,5	1,8	5,5	9,2	11,9	15,6	18,2
1987	21,9	25,6	26,3	2,6	5,3	9,0	11,7	15,3	19,0	21,7	25,4	0,7
1988	4,4	8,1	9,8	13,4	16,1	19,8	22,5	16,2	2,5	5,2	8,9	11,6
1989	15,2	18,9	19,6	23,3	25,9	2,3	5,0	8,7	12,3	15,0	18,7	21,4

huye de los esquematismos de la racionalidad, sigue su humor y sus intuiciones y se muestra imprevisible y caprichoso; es bastante sensible y posee una vida interior muy rica.

Cómo encontrar la posición de la Luna

La luna es el astro que se mueve con mayor velocidad por la banda zodiacal, cambiando de signo cada 60 horas aproximadamente; si no se dispusiera de las efemérides, resultaría difícil conocer en qué signo se encontraba en el momento del nacimiento este planeta tan importante en la definición de la personalidad básica.

Las tablas A y B permiten encontrar el signo por el que transitaba la Luna en una fecha determinada.

En la tabla A se buscará el año de nacimiento y el mes; en el punto de encuentro de la columna y la fila se encontrará un número que se sumará al día del nacimiento. El resultado de esta suma se tiene que buscar en la tabla B: el signo zodiacal en el que está incluida esta cifra es el signo en el que se encontraba la Luna en esa fecha.

Ejemplo: nacimiento que ha tenido lugar el 17 de julio de 1987. Para el mes de julio de 1987 el número que se encuentra en la intersección es el 11,7. Sumándolo al día de nacimiento, se obtiene: 11,7 + 17 = 28,7. Consultando la tabla B se descubre que la Luna estaba en Aries. Siguiendo este ejemplo podrá apuntar el dato relativo a su Luna en la ficha astrológica personal de la pág. 48.

TABLA -B- PARA BUSCAR LA POSICIÓN DE LA LUNA					
0	Aries	2,7	32,3	Géminis	34,6
2,7	Tauro	5	34,6	Cáncer	36,9
5	Géminis	7,3	36,9	Leo	39,2
7,7	Cáncer	9,6	39,2	Virgo	41,2
9,6	Leo	11,8	41,2	Libra	43,7
11,8	Virgo	14,1	43,7	Escorpio	46
14,1	Libra	16,4	46	Sagitario	48,3
16,4	Escorpio	18,7	48,3	Capricornio	50,5
18,7	Sagitario	20,9	50,5	Acuario	52,8
20,9	Capricornio	23,2	52,8	Piscis	55,1
23,2	Acuario	25,2	55,1	Aries	57,4
25,2	Piscis	27,8	57,4	Tauro	59,6
27,8	Aries	30	59,6	Géminis	61,9
30	Tauro	32,3	61,9	Cáncer	

MERCURIO   VENUS   MARTE

Después del Sol y la Luna, estos tres planetas son fundamentales para determinar los rasgos más característicos de la personalidad, dibujando las líneas esenciales del «retrato» astral.

A causa de la frecuente variación de sus posiciones zodiacales, no es posible insertar las tablas sinópticas relativas, pero se calculan basándose en las efemérides (véase nota de la pág. 65). Luego podrá incluir las posiciones sobre su ficha astrológica personal de la pág. 48.

Mercurio

Representa el contacto entre el individuo y el mundo basado en el conocimiento, en la actividad cerebral y, por lo tanto, en las facultades intelectuales: las capacidades de percepción y de valoración, la observación, la versatilidad mental, la rapidez de reflejos, la curiosidad, la perspicacia, la ingeniosidad, la comprensión y la reelaboración de ideas y conceptos. En otras palabras, Mercurio gobierna la inteligencia, el pensamiento, indica las dotes expresivas y la mentalidad de la persona más allá de las implicaciones emotivas o sentimentales. Mercurio gobierna además la comunicación de las ideas y por lo tanto la palabra y los escritos; indica las capacidades de aprender y de transmitir de nuevo a los demás las informaciones asimiladas. Planeta del movimiento y de la vitalidad, está asociado además a los viajes y a los desplazamientos, a los medios de transporte y de comunicación; también las relaciones sociales están influenciadas por Mercurio, que determina la diplo-

75

macia, la capacidad de adaptación mental, la astucia y el oportunismo. En el tema astral representa las relaciones con los hermanos y las hermanas, con los coetáneos y con los hijos; está relacionado con la juventud, con la adolescencia, en el plano del carácter y componente de alegría, despreocupación y humor.

Cuando en el tema astral, Mercurio se encuentra colocado en posición dominante, en la personalidad destacan la curiosidad, la agudeza mental y el alejamiento racional: la persona tiene la inaplazable exigencia de conocer, pero también de expresarse, de decir lo que piensa, a menudo con ironía cortante y espíritu crítico, a veces incluso con una vena polémica. Nervioso, rápido en las reacciones, a veces disperso, tiene una habilidad particular para arreglárselas en los ambientes más variados, sabe ser convincente y persuasivo haciéndose apreciar por su vitalidad y su frescura siempre juvenil; es locuaz y cultiva numerosas relaciones sociales. Tiene mucho sentido para los negocios y un talento intelectual a menudo acusado.

Venus

Gobierna la esfera del sentimiento y del placer, los contactos afectivos de la persona con el mundo exterior y las gratificaciones que recibe de él. Representa, por lo tanto, la capacidad de amar en el sentido más amplio: el tipo de afectividad y de expresión de los propios sentimientos, el grado de altruismo, de disponibilidad a la implicación afectiva; pero también la sensibilidad por todo lo que es bonito, agradable, armonioso y la capacidad de gozar de ello con sereno hedonismo. Venus representa la paz, la conciliación, la comprensión basada en el amor: por lo tanto, es muy importante para hacer más fluida y armoniosa la vida social, para prometer éxitos y simpatías. Se trata, de hecho, de un elemento fundamental de la atracción personal, no sólo bajo el aspecto físico: determina la sensualidad, la cualidad de saber suscitar comprensión y atracción.

La vida amorosa está particularmente influenciada por Venus, que indica no sólo la disposición sentimental, sino también sus gustos y sus expectativas, la forma de colocarse frente a la pareja y de manifestarle su amor y fidelidad. Desde la posición de Venus en el tema astral se pueden obtener indicaciones acerca de la vida sentimental: los ambientes más agradables para los encuentros afectivos, las uniones más prometedoras, posibles problemáticas en la relación de pareja o a nivel sexual.

Venus indica además el gusto estético, el talento artístico, las cualidades creativas.

Cuando el planeta está en posición dominante en el tema natal, determina un temperamento sociable, simpático y amable; la persona es sensible pero poco trabajadora, prefiere el placer al compromiso, pero a menudo se siento favorecida por las circunstancias, por el apoyo y la simpatía del prójimo; Venus recibe el nombre de la *pequeña fortuna* y protege bondadosamente a los nativos situados bajo su influencia, que saben hacerse querer y también disfrutar de las alegrías de la vida.

Marte

Representa la carga agresiva que necesita el individuo para introducirse activamente en el mundo, para superar los obstáculos e imponer su personalidad. Por lo tanto, es símbolo de energía y acción: indica el espíritu de afirmación, la fuerza de voluntad, la vitalidad con la que la persona afronta las circunstancias de la vida; su fuerza se expresa con impulso instintivo, impetuoso, despojado de constricciones, determinando el atrevimiento y el coraje, estimulando la combatividad, la competición y el antagonismo. En cuanto al carácter, Marte indica la independencia, las tendencias directivas y autoritarias, el dinamismo, el entusiasmo, pero también el espíritu de rebelión, la irascibilidad. Según la posición en el tema astral, la energía marciana puede desembocar en imprudencia, provocar actitudes bruscas e irreflexivas, volverse destructiva y violenta; o cuando la carga activa y vital se ve bloqueada, puede causar frustraciones, desánimo, incapacidad para actuar de forma incisiva. La influencia de Marte es muy importante para determinar la capacidad de realización práctica del individuo, puesto que mide la fuerza personal a través de la acción directa.

El astro representa además la vitalidad física y la predisposición hacia el deporte, los contrastes y las luchas con los demás, los incidentes y los golpes; en un tema específicamente femenino indica la figura del amante, del marido, la imagen masculina por la que la mujer se siente más atraída; en el tema de un hombre representa su propia virilidad.

Una posición dominante de Marte en el tema natal denota un temperamento impulsivo, dinámico, rápido en las decisiones y en las acciones, autónomo, llevado a imponerse por la fuerza y por lo tanto poco dotado de tacto y sensibilidad; confianza en sí mismo y buena voluntad favorecen éxitos brillantes, conseguidos gracias a intensos esfuerzos personales.

2 ħ ☉ ♆ P

| JÚPITER | SATURNO | URANO | NEPTUNO | PLUTÓN |

Con Júpiter se inician los planetas más lentos, que tienen una influencia más global sobre la personalidad, orientándola, basándose en las características expresadas por los planetas rápidos que hemos visto anteriormente. De la pág. 83 a la pág. 94 tenemos las tablas sinópticas con las posiciones zodiacales de estos planetas para todo el siglo XX, subdivididas por signos. Un nativo de Aries, por ejemplo, sólo debe consultar la tabla titulada con su propio signo para descubrir dónde se encontraban todos los planetas lentos en el momento del nacimiento. Sus posiciones se podrán incluir luego en la ficha astrológica personal de la pág. 48.

Júpiter

Júpiter representa la inserción de la persona en el mundo, las posibilidades de éxito y aprobación social, la capacidad de disfrutar serenamente de las oportunidades que ofrece la vida; la inclinación al optimismo, a la extroversión, al hedonismo, a una actitud sociable y afable que permite facilitar la existencia a través de una solución sencilla y pacífica de los problemas. El atributo de Júpiter de «astro de la fortuna» es por decirlo de alguna forma el resumen de sus características: una buena posición de Júpiter en el horóscopo hace que la vida sea más feliz porque suaviza las dificultades, favorece la expresión y el reconocimiento de las cualidades personales, inspira confianza en sí mismo y en el prójimo, inclina a la paz y a la satisfacción;

la riqueza moral se confirma incluso en el plano material y se determina de esta forma la importancia del planeta en relación con la realización financiera y social. Júpiter inspira la euforia y el entusiasmo que llevan al hombre a abrirse, a manifestarse con franca sinceridad e íntima seguridad, respetando siempre las reglas y las convenciones que gobiernan la vida en común; lealtad, sentido del honor y un sano respeto por las tradiciones son las cualidades propias del planeta. Júpiter mide además la generosidad y la capacidad de apreciar los placeres más consistentes de la vida, determinando el gusto por la comodidad, la holgura y el bienestar.

Una colocación dominante del planeta en el tema astral atribuye un temperamento amable, benévolo, moral, que cosecha fácilmente simpatías y acuerdos y normalmente no debe realizar grandes esfuerzos para afirmarse en la existencia; completan el cuadro sentido común, sabiduría y un poco de paternalismo.

Saturno

Simboliza el aspecto racional de la inserción en la existencia: la consciencia de las adversidades y por lo tanto de los aspectos difíciles de la vida, la prudencia y la desconfianza necesarias para defenderse, el compromiso en la superación de los obstáculos, distanciado de implicaciones sentimentalistas. Se trata del planeta de la seriedad y del rigor de juicio, de la introversión y de la soledad: sitúa a la persona frente a los aspectos menos agradables de la existencia, la pone a prueba midiendo su grado de autosuficiencia; invita a la sobriedad y a la parsimonia en el uso de los propios recursos, impone cautela y reserva en los contactos con el prójimo, organiza y estructura la voluntad para hacerla tenaz y constructiva, infunde fuerza de ánimo y resistencia moral. Significa los conceptos del deber y la responsabilidad, Saturno lleva consigo la fama de planeta maléfico: en realidad es un componente indispensable en la madurez de la persona, que debe saber enfrentarse con la pura realidad. Saturno enseña a reconocer apasionadamente la realidad de los hechos, a mantener las distancias de un compromiso excesivamente emotivo que impediría un juicio imparcial y una tutela eficaz de los propios intereses; apaga el entusiasmo, enfría los arrebatos, impone renuncias pero refuerza las ambiciones, dando la medida de lo que la persona está dispuesta a sacrificar para alcanzar sus objetivos. Es símbolo de estoicismo, de sensatez, de autoridad y severidad, de las capacidades de coordinación y planificación, de intransigencia, dureza y tenacidad.

La presencia de un Saturno dominante en el tema determina una personalidad seria, controlada y responsable; la persona es desconfiada, reservada, inclinada hacia el pesimismo y el escepticismo, pero sabe imponerse una línea de conducta coherente y precisa, que la sitúa en condiciones de afirmarse en el tiempo, superando incluso dificultades relevantes.

Urano

Es el primero de los planetas *modernos*, es decir descubiertos con el uso de instrumentos ópticos, cuya existencia era desconocida para nuestros antepasados.

Representa la fuerza de decisión, la voluntad que escoge y se manifiesta de forma drástica, resolviendo las situaciones desde la raíz; está asociado a la rapidez, al impulso fulgurante, a los acontecimientos imprevistos y su energía se expresa como reacción inmediata a los estímulos, como resorte, rapidez de reflejos, y gran velocidad de acción.

Urano proporciona la chispa que enciende la voluntad individual y la lleva a manifestarse mediante una acción impulsiva, súbita, concentrada sobre el resultado inmediato y por lo tanto, eficazmente resolutiva; representa la fuerza de renovación que hace emerger los problemas para resolverlos, eliminando las cosas superadas e inútiles; describe los cambios bruscos, las rupturas con el pasado, las novedades inesperadas, en definitiva, todo lo que interviene en la modificación radical del *statu quo*.

Urano estimula el espíritu de afirmación individual, sujetándolo con el útil instrumento del pragmatismo, del sentido de la oportunidad, de lo que es conveniente en el presente; inclina al alejamiento de las convenciones y de las consideraciones morales, suscita la habilidad inventiva, técnica y manual.

En el tema natal el astro indica cómo expresa la persona su propia individualidad, y además la capacidad de actuar de forma rápida e incisiva, ante la necesidad de tomar las riendas del propio destino mediante elecciones decisivas.

Cuando Urano está en posición dominante, da lugar a una personalidad original, independiente, decidida a demostrar su diversidad; el nativo tiene un carácter brusco, imprevisible, está inmerso en el presente, en el que vive a un ritmo rápido, preparado para advertir las exigencias de cambio y a sumergirse en la nueva realidad; a menudo su vida atraviesa drásticos cambios de rumbo.

Neptuno

Representa la disponibilidad del hombre para la transformación, el proceso de metamorfosis interior que refleja los cambios y la evolución que han tenido lugar en el planeta Tierra. Neptuno es un planeta *colectivo*, que pone al hombre en relación con el incesante cambio del mundo que lo rodea en todas sus multiplicidades, con todo lo que es desconocido, distinto, lejano, hasta llegar al plano de consciencia más elevado, el espiritual (se trata de hecho del planeta del misticismo y del espíritu religioso). Por lo tanto, plantea preguntas existenciales, suscita la inquietud que empuja hacia metas desconocidas, el deseo de ultrapasar las barreras de las reglas banales para llegar a una verdad más absoluta. En los casos más felices, Neptuno afina extraordinariamente la sensibilidad, enriquece la imaginación y muy a menudo estimula la creatividad y el sentido artístico, aporta intuición e inspiración genial. Pero la exigencia de cambiar, o de evadirse de la realidad, puede encontrar formas de expresión menos armoniosas. En ciertos casos, Neptuno puede inclinar al fanatismo religioso o político, o bien suscitar miedos irracionales, depresiones, y angustias existenciales. El planeta gobierna todo lo que es maravilloso y fantástico, y también la ilusión forma parte de su reino: bajo la influencia neptuniana puede resultar difícil distinguir nítidamente la realidad, el engaño y la desilusión pueden ocultarla como la niebla. Para aquellos que saben descifrar su lenguaje, Neptuno envía intuiciones iluminadoras, que guiarán el camino hacia el conocimiento. La persona caracterizada por una dominante neptuniana es tranquila, profunda, parece estar poco presente en la realidad, transportada por sus pensamientos; dotada de escaso sentido práctico, es sentimental, sociable, a veces sugestionable y meláncolica.

Plutón

Se trata del último planeta de nuestro sistema solar, descubierto por el hombre hace sólo sesenta años y por lo tanto aún relativamente «joven» en la tradición astrológica. Representa las fuerzas vitales más profundas y secretas de la persona, la capacidad de dar forma concreta a los recursos creativos que residen en cada uno de nosotros. Su influencia es muy lenta y puede parecer poco evidente porque opera a niveles muy profundos de la personalidad: se trata de una fuerza que plasma, transforma, destruye y recrea, y es fundamental para el equilibrio individual, porque gobierna la íntima satisfacción de sí mismo, vivida según los propios instintos y por lo tanto no necesariamente unida al éxito material, afectivo, etc. Como regulador de los principios vitales y creativos, Plutón está relacionado además con el sexo, actividad capaz de generar la vida: por lo tanto sirve para indicar de qué manera la persona vive esta parte de sí misma y los posibles problemas relacionados con el sexo. Además de la afirmación creadora de sí mismo, Plutón representa también la voluntad de potencia individual: cuando está liberada, sin inhibiciones, su fuerza secreta y misteriosa no sólo hace que el hombre sea más dueño de sí mismo, sino que puede estimular también la ambición de poder, de dominio sobre el prójimo y reforzar el magnetismo personal, la capacidad de persuasión y el exhibicionismo. En algunos casos se pueden producir manifestaciones narcisistas de la personalidad: tendencias histriónicas, egocentrismo desenfrenado, aventuras sexuales y falsedades intencionadas.

La posición de Plutón es a menudo muy importante para determinar ciertas frustraciones íntimas o complicaciones del carácter, que causan en la persona un sentimiento de falta de plenitud.

Una colocación dominante de Plutón en el tema astral confiere una personalidad muy intensa, inclinada a utilizar el poder del que está dotado dirigiendo a los demás en su propio beneficio.

En las tablas de las páginas siguientes están resumidas, subdivididas por signos, las posiciones zodiacales de los planetas lentos. Por ejemplo, el nacido en Aries podrá descubrir, consultando la relativa tabla, dónde se encontraban los planetas lentos en el momento de su nacimiento. De esta forma podrá completar con las posiciones encontradas la ficha personal de la pág. 48.

ARIES

Descubra aquí en qué signo se encontraban los planetas lentos el año de su nacimiento.

Plutón

del 1940 al 1957	: Leo
1958: Véase del 11/4	: Leo
del 1959 al 1971	: Virgo
del 1972 al 1983	: Libra
del 1984 al 1994	: Esc.
del 1995 al 2009	: Sag.
del 2009 al 2023	: Capr.

Neptuno

del 1917 al 1929	: Leo
del 1930 al 1942	: Virgo
1943: Lib. del 17/4	: Virgo
del 1944 al 1956	: Libra
del 1957 al 1969	: Esc.
del 1970 al 1983	: Sag.
del 1984 al 1997	: Capr.
del 1998 al 2012	: Ac.

Urano

del 1912-31/3/1919	: Ac.
del 1/4/19-30/3/27	: Piscis
del 31/3/27-27/3/35	: Aries
del 28/3/35-1942	: Tauro
del 1943 al 1949	: Gém.
del 1950 al 1956	: Cáncer
del 1957 al 1962	: Leo
del 1963 al 1968	: Virgo
del 1969 al 1974	: Libra
del 1975 al 1981	: Esc.
del 1982 al 1987	: Sag.
del 1988 al 31/3/95	: Capr.
del 1996 al 2003	: Ac.
del 2003 al 2011	: Piscis

Saturno

del 1911 al 25/3/13	: Tauro
del 26/3/13 al 1915	: Gém.
del 1916 al 1917	: Cáncer
del 1918 al 1919	: Leo
del 1920 al 1921	: Virgo
del 1922 al 1923	: Libra
1924: Esc. del 6/4	: Libra
del 1925 al 1926	: Esc.
del 1927 al 1928	: Sag.
del 1929 al 1931	: Capr.
del 1932 al 1934	: Ac.
del 1935 al 1937	: Piscis
del 1938 al 1939	: Aries
del 1940 al 1942	: Tauro
del 1943 al 1944	: Gém.
del 1945 al 1946	: Cáncer
del 1947 al 1948	: Leo
1949: Vir. del 31/4	: Leo
del 1950 al 1951	: Virgo
del 1952 al 1953	: Libra
del 1954 al 1955	: Esc.
del 1956 al 1958	: Sag.
del 1959 al 1961	: Capr.
del 1962 al 23/3/64	: Ac.
del 24/3/64 al 1966	: Piscis
del 1967 al 1969	: Aries
del 1970 al 1971	: Tauro
del 1972 al 17/4/74	: Gém.
del 18/4/74 al 1976	: Cáncer
del 1977 al 1978	: Leo
del 1979 al 1980	: Virgo
del 1981 al 1982	: Libra
del 1983 al 1985	: Esc.
del 1986 al 1987	: Sag.
del 1988 al 1990	: Capr.
del 1991 al 1993	: Ac.
del 1994 al 6/4/96	: Piscis
del 7/4/96 al 1998	: Aries
1999	: Tauro
del 1/3/99 a 20/4/01	: Géminis
del 20/4/01 al 22/4/05	: Cáncer
del 22/4/05 al 2/9/07	: Leo
del 2/9/07 al 29/10/09	: Virgo

Júpiter

1910	: Libra
1911	: Escorpio
1912	: Sagitario
1913	: Capricornio
1914	: Acuario
1915	: Piscis
1916	: Aries
1917	: Tauro
1918	: Géminis
1919	: Cáncer
1920	: Leo
1921	: Virgo
1922	: Libra
1923	: Escorpio
1924	: Sagitario
1925	: Capricornio
1926	: Acuario
1927	: Piscis
1928	: Aries
1929	: Tauro
1930	: Géminis
1931	: Cáncer
1932	: Leo
1933	: Virgo
1934	: Libra
1935	: Escorpio
1936	: Sagitario
1937	: Capricornio
1938	: Acuario
1939	: Piscis
1940	: Aries
1941	: Tauro
1942	: Géminis
1943	: Cáncer
1944	: Leo
1945	: Virgo
1946	: Libra
1947	: Escorpio
1948	: Sagitario
1949	: Capricornio
del 12/4	: Acuario
1950	: Acuario
1951	: Piscis
1952	: Aries
1953	: Tauro
1954	: Géminis
1955	: Cáncer
1956	: Leo
1957	: Virgo
1958	: Libra
1959	: Sagitario
1960	: Capricornio
1961	: Acuario
1962	: Acuario
del 25/3	: Piscis
1963	: Piscis
del 4/4	: Aries
1964	: Aries
del 12/4	: Tauro
1965	: Tauro
1966	: Géminis
1967	: Cáncer
1968	: Leo
1969	: Libra
del 30/3	: Virgo
1970	: Escorpio
1971	: Sagitario
1972	: Capricornio
1973	: Acuario
1974	: Piscis
1975	: Aries
1976	: Aries
del 26/3	: Tauro
1977	: Tauro
del 3/4	: Géminis
1978	: Géminis
del 12/4	: Cáncer
1979	: Cáncer
1980	: Virgo
1981	: Libra
1982	: Escorpio
1983	: Sagitario
1984	: Capricornio
1985	: Acuario
1986	: Piscis
1987	: Aries
1988	: Tauro
1989	: Géminis
1990	: Cáncer
1991	: Leo
1992	: Virgo
1993	: Libra
1994	: Escorpio
1995	: Sagitario
1996	: Capricornio
1997	: Acuario
1998	: Piscis
1999	: Aries
2000	: Tauro
del 1/7	: Géminis
2001	: Géminis
del 12/7	: Cáncer
2002	: Cáncer
del 1/8	: Leo
2003	: Leo
del 27/8	: Virgo
2004	: Virgo
del 25/9	: Libra
2005	: Libra
del 26/10	: Escorpio
2006	: Escorpio
del 24/11	: Sagitario
2007	: Sagitario
del 18/12	: Capricornio

TAURO

Descubra aquí en qué signo se encontraban los planetas lentos el año de su nacimiento.

Plutón
del 1940 al 1958 : Leo
del 1959 al 1972 : Virgo
del 1973 al 1983 : Libra
del 1984 al 1994 : Esc.
del 1995 al 2009 : Sag.
del 2009 al 2023 : Capr.

Neptuno
del 2/5/16 al 1929 : Leo
del 1930 al 1943 : Virgo
del 1944 al 1956 : Libra
del 1957 al 1969 : Esc.
1970: Sag. del 3/5 : Esc.
del 1971 al 1983 : Sag.
del 1984 al 1997 : Capr.
del 1998 al 2012 : Ac.

Urano
del 1912 al 1918 : Ac.
del 1919 al 1926 : Piscis
del 1927 al 1934 : Aries
del 1935 al 14/4/42 : Tauro
del 15/4/42 al 1949 : Gém.
del 1950 al 1956 : Cánc.
del 1957 al 1962 : Leo
del 1963 al 1968 : Virgo
del 1969 al 1974 : Libra
1975: Esc. del 1/5 : Libra
del 1976 al 1981 : Esc.
del 1982 al 1987 : Sag.
del 1988 al 1995 : Capr.
del 1996 al 2003 : Ac.
del 2003 al 2011 : Piscis

Saturno
del 17/5/10 al 1912 : Tauro
del 1913 al 10/5/15 : Gém.
del 11/5/15 al 1917 : Cáncer
del 1918 al 1919 : Leo
del 1920 al 1921 : Virgo
del 1922 al 1924 : Libra
del 1925 al 1926 : Esc.
del 1927 al 1928 : Sag.
1929: Capr. del 5/5 : Sag.
del 1930 al 1931 : Capr.
del 1932 al 1934 : Ac.
del 1935 al 24/4/37 : Piscis
del 25/4/37 al 1939 : Aries
del 1940 al 7/5/42 : Tauro
del 8/5/42 al 1944 : Gém.
del 1945 al 1946 : Cáncer
del 1947 al 1949 : Leo
del 1950 al 1951 : Virgo
del 1952 al 1953 : Libra
del 1954 al 1955 : Esc.
del 1956 al 1958 : Sag.
del 1959 al 1961 : Capr.
del 1962 al 1963 : Ac.
del 1964 al 1966 : Piscis
del 1967 al 28/4/69 : Aries
del 29/4/69 al 1971 : Tauro
del 1972 al 17/4/74 : Gém.
del 18/4/74 al 1976 : Cánc.
del 1977 al 1978 : Leo

del 1979 al 1980 : Virgo
del 1981 al 1982 : Libra
1983: Esc. del 6/5 : Libra
del 1984 al 1985 : Esc.
del 1986 al 1987 : Sag.
del 1988 al 1990 : Cánc.
del 1991 al 1993 : Ac.
del 1994 al 1995 : Piscis
del 1996 al 1998 : Aries
1999 : Tauro
del 1/3/99 al 20/4/01 : Géminis
del 20/4/01 al 22/4/05 : Cáncer
del 22/4/05 al 2/9/07 : Leo
del 2/9/07 al 29/10/09 : Virgo

Júpiter
1912 : Sagitario
1913 : Capricornio
1914 : Acuario
1915 : Piscis
1916 : Aries
1917 : Tauro
1918 : Géminis
1919 : Cáncer
1920 : Leo
1921 : Virgo
1922 : Libra
1923 : Escorpio
1924 : Sagitario
1925 : Capricornio
1926 : Acuario
1927 : Piscis
1928 : Aries
1929 : Tauro
1930 : Géminis
1931 : Cáncer
1932 : Leo
1933 : Virgo
1934 : Libra
1935 : Escorpio
1936 : Sagitario
1937 : Capricornio
1938 : Acuario
del 14/5 1939 : Piscis
del 11/5 1940 : Aries
del 16/5 1941 : Tauro
1942 : Géminis
1943 : Cáncer
1944 : Leo
1945 : Virgo
1946 : Libra
1947 : Escorpio
1948 : Sagitario
1949 : Acuario
1950 : Piscis
1951 : Piscis
del 21/4 1952 : Aries
del 28/4 1953 : Tauro
del 9/5 1954 : Géminis

1955 : Cáncer
1956 : Leo
1957 : Virgo
1958 : Libra
1959 : Sagitario
del 24/4 : Escorpio
1960 : Capricornio
1961 : Acuario
1962 : Piscis
1963 : Aries
1964 : Tauro
1965 : Tauro
del 22/4 : Géminis
1966 : Géminis
del 5/5 : Cáncer
1967 : Cáncer
1968 : Leo
1969 : Virgo
1970 : Escorpio
del 30/4 : Libra
1971 : Sagitario
1972 : Capricornio
1973 : Acuario
1974 : Piscis
1975 : Aries
1976 : Tauro
1977 : Géminis
1978 : Cáncer
1979 : Leo
1980 : Virgo
1981 : Libra
1982 : Escorpio
1983 : Sagitario
1984 : Capricornio
1985 : Acuario
1986 : Piscis
1987 : Aries
1988 : Tauro
1989 : Géminis
1990 : Cáncer
1991 : Leo
1992 : Virgo
1993 : Libra
1994 : Escorpio
1995 : Sagitario
1996 : Capricornio
1997 : Acuario
1998 : Piscis
1999 : Aries
2000 : Tauro
del 1/7 2001 : Géminis
del 12/7 2002 : Cáncer
del 1/8 2003 : Leo
del 27/8 2004 : Virgo
del 25/9 2005 : Libra
del 26/10 2006 : Escorpio
del 24/11 2007 : Sagitario
del 18/12 : Capricornio

GÉMINIS

Descubra aquí en qué signo se encontraban los planetas lentos el año de su nacimiento.

Plutón
del 14/6/39-10/6/58 : Leo
del 11/6/58 al 1972 : Virgo
del 1973 al 1984 : Libra
del 1985 al 1994 : Esc.
del 1995 al 2009 : Sag.
del 2009 al 2023 : Capr.

Neptuno
del 1916 al 1929 : Leo
del 1930 al 1943 : Virgo
del 1944 al 1956 : Libra
1957 Esc. del 16/6 : Libra
del 1958 al 1970 : Esc.
del 1971 al 1983 : Sag.
del 1984 al 1997 : Capr.
del 1998 al 2012 : Ac.

Urano
del 1912 al 1918 : Ac.
del 1919 al 1926 : Piscis
del 1927 al 6/6/34 : Aries
del 7/6/34 al 1941 : Tauro
del 1942 al 9/6/49 : Gém.
del 10/6/49-9/6/56 : Cáncer
del 10/6/56 al 1962 : Leo
del 1963 al 1969 : Virgo
del 1970 al 1975 : Libra
del 1976 al 1981 : Esc.
del 1982 al 1987 : Sag.
1988 Capr. del 27/5 : Sag.
del 1989 al 1994 : Capr.
1995 Ac. del 9/6 : Capr.
del 1996 al 2003 : Ac.
del 2003 al 2011 : Piscis

Saturno
del 1910 al 1912 : Tauro
del 1913 al 1914 : Gém.
del 1915 al 1917 : Cáncer
del 1918 al 1919 : Leo
del 1920 al 1921 : Virgo
del 1922 al 1924 : Libra
del 1925 al 1926 : Esc.
del 1927 al 1929 : Sag.
del 1930 al 1931 : Capr.
del 1932 al 1934 : Ac.
del 1935 al 1936 : Piscis
del 1937 al 1939 : Aries
del 1940 al 1941 : Tauro
del 1942 al 1944 : Gém.
del 1945 al 1946 : Cáncer
del 1947 al 28/5/49 : Leo
del 29/5/49 al 1951 : Virgo
del 1952 al 1953 : Libra
del 1954 al 1956 : Esc.
del 1957 al 1958 : Sag.
del 1959 al 1961 : Capr.
del 1962 al 1963 : Ac.
del 1964 al 1966 : Piscis
del 1967 al 1968 : Aries
del 1969 al 18/6/71 : Tauro
del 19/6/71 al 1973 : Gém.
del 1974 al 4/6/76 : Cáncer
del 5/6/76 al 1978 : Leo

del 1979 al 1980 : Virgo
del 1981 al 1983 : Libra
del 1984 al 1985 : Esc.
del 1986 al 1987 : Sag.
1988 Capr. del 10/6 : Sag.
del 1989 al 1990 : Capr.
del 1991 al 20/5/93 : Ac.
del 21/5/93 al 1995 : Piscis
del 1996 al 8/6/98 : Aries
del 9/6/98 al 1/3/99 : Tauro
del 1/3/99 al 20/4/01 : Géminis
del 20/4/01 al 22/4/05 : Cáncer
del 22/4/05 al 2/9/07 : Leo
del 2/9/07 al 29/10/09 : Virgo

Júpiter
1913 : Capricornio
1914 : Acuario
1915 : Piscis
1916 : Aries
1917 : Tauro
1918 : Géminis
1919 : Cáncer
1920 : Leo
1921 : Virgo
1922 : Libra
1923 : Escorpio
1924 : Sagitario
1925 : Capricornio
1926 : Acuario
1927 : Piscis
del 6/6 : Aries
1928 : Aries
del 4/6 : Tauro
1929 : Tauro
del 12/6 : Géminis
1930 : Géminis
1931 : Cáncer
1932 : Leo
1933 : Virgo
1934 : Libra
1935 : Escorpio
1936 : Sagitario
1937 : Capricornio
1938 : Piscis
1939 : Aries
1940 : Tauro
1941 : Tauro
del 26/5 : Géminis
1942 : Géminis
del 10/6 : Cáncer
1943 : Cáncer
1944 : Leo
1945 : Virgo
1946 : Libra
1947 : Escorpio
1948 : Sagitario
1949 : Acuario
1950 : Piscis
1951 : Aries
1952 : Tauro
1953 : Géminis
1954 : Géminis
del 24/5 : Cáncer
1955 : Cáncer

del 13/6 : Leo
1956 : Leo
1957 : Virgo
1958 : Libra
1959 : Escorpio
1960 : Capricornio
del 10/6 : Sagitario
1961 : Acuario
1962 : Piscis
1963 : Aries
1964 : Tauro
1965 : Géminis
1966 : Cáncer
1967 : Cáncer
del 23/5 : Leo
1968 : Leo
del 15/6 : Virgo
1969 : Virgo
1970 : Libra
1971 : Sagitario
del 5/6 : Escorpio
1972 : Capricornio
1973 : Acuario
1974 : Piscis
1975 : Aries
1976 : Tauro
1977 : Géminis
1978 : Cáncer
1979 : Leo
1980 : Virgo
1981 : Libra
1982 : Escorpio
1983 : Sagitario
1984 : Capricornio
1985 : Acuario
1986 : Piscis
1987 : Aries
1988 : Tauro
1989 : Géminis
1990 : Cáncer
1991 : Leo
1992 : Virgo
1993 : Libra
1994 : Escorpio
1995 : Sagitario
1996 : Capricornio
1997 : Acuario
1998 : Piscis
1999 : Aries
2000 : Tauro
del 1/7 : Géminis
2001 : Géminis
del 12/7 : Cáncer
2002 : Cáncer
del 1/8 : Leo
2003 : Leo
del 27/8 : Virgo
2004 : Virgo
del 25/9 : Libra
2005 : Libra
del 26/10 : Escorpio
2006 : Escorpio
del 24/11 : Sagitario
2007 : Sagitario
del 18/12 : Capricornio

85

CÁNCER

Descubra aquí en qué signo se encontraban los planetas lentos el año de su nacimiento.

Plutón
del 1939 al 1957 : Leo.
del 1958 al 1972 : Virgo
del 1973 al 1984 : Libra
del 1985 al 1994 : Esc.
del 1995 al 2009 : Sag.
del 2009 al 2023 : Capr.

Neptuno
del 20/7/15 al 1929 : Leo
del 1930 al 1943 : Virgo
del 1944 al 1957 : Libra
del 1958 al 1970 : Esc.
del 1971 al 1983 : Sag.
1984: Capr. del 23/6 : Sag.
del 1985 al 1997 : Capr.
del 1998 al 2012 : Ac.

Urano
del 1912 al 1918 : Ac.
del 1919 al 1926 : Piscis
del 1927 al 1933 : Aries
del 1934 al 1941 : Tauro
del 1942 al 1948 : Gém.
del 1949 al 1955 : Cáncer
del 1956 al 1962 : Leo
del 1963 al 23/6/69 : Virgo
del 24/6/69 al 1975 : Libra
del 1976 al 1981 : Esc.
del 1982 al 1988 : Sag.
del 1989 al 1995 : Capr.
del 1996 al 2003 : Ac.
del 2003 al 2011 : Piscis

Saturno
del 1910 al 6/7/12 : Tauro
del 7/7/12 al 1914 : Gém.
del 1915 al 24/6/17 : Cáncer
del 25/6/17 al 1919 : Leo
del 1920 al 1921 : Virgo
del 1922 al 1924 : Libra
del 1925 al 1926 : Esc.
del 1927 al 1929 : Sag.
del 1930 al 1931 : Capr.
del 1932 al 1934 : Ac.
del 1935 al 1936 : Piscis
del 1937 al 5/7/39 : Aries
del 6/7/39 al 1941 : Tauro
del 1942 al 1943 : Gém.
del 1944 al 1946 : Cáncer
del 1947 al 1948 : Leo
del 1949 al 1951 : Virgo
del 1952 al 1953 : Libra
del 1954 al 1956 : Esc.
del 1957 al 1958 : Sag.
del 1959 al 1961 : Capr.
del 1962 al 1963 : Ac.
del 1964 al 1966 : Piscis
del 1967 al 1968 : Aries
del 1969 al 1970 : Tauro
del 1971 al 1973 : Gém.
del 1974 al 1975 : Cáncer
del 1976 al 1978 : Leo
del 1979 al 1980 : Virgo
del 1981 al 1983 : Libra

del 1984 al 1985 : Esc.
del 1986 al 1988 : Sag.
del 1989 al 1990 : Capr.
del 1991 al 1992 : Ac.
1993: Pisc. del 30/6 : Ac.
del 1994 al 1995 : Piscis
del 1996 al 1997 : Aries
del 1998 al 1/3/99 : Tauro
del 1/3/99 al 20/4/01 : Géminis
del 20/4/01 al 22/4/05 : Cáncer
del 22/4/05 al 2/9/07 : Leo
del 2/9/07 al 29/10/09 : Virgo

Júpiter
1911 : Escorpio
1912 : Sagitario
1913 : Capricornio
1914 : Acuario
1915 : Piscis
1916 : Aries
del 26/6 : Tauro
1917 : Tauro
del 30/6 : Géminis
1918 : Géminis
del 13/7 : Cáncer
1919 : Cáncer
1920 : Leo
1921 : Virgo
1922 : Libra
1923 : Escorpio
1924 : Sagitario
1925 : Capricornio
1926 : Acuario
1927 : Aries
1928 : Tauro
1929 : Géminis
1930 : Géminis
del 27/6 : Cáncer
1931 : Cáncer
del 17/7 : Leo
1932 : Leo
1933 : Virgo
1934 : Libra
1935 : Escorpio
1936 : Sagitario
1937 : Capricornio
1938 : Piscis
1939 : Aries
1940 : Tauro
1941 : Géminis
1942 : Cáncer
1943 : Cáncer
del 1/7 : Leo
1944 : Leo
1945 : Virgo
1946 : Libra
1947 : Escorpio
1948 : Sagitario
1949 : Acuario
del 28/6 : Capricornio
1950 : Piscis
1951 : Aries
1952 : Tauro
1953 : Géminis
1954 : Cáncer

1955 : Leo
1956 : Leo
del 18/7 : Virgo
1957 : Virgo
1958 : Libra
1959 : Escorpio
1960 : Sagitario
1961 : Acuario
1962 : Piscis
1963 : Aries
1964 : Tauro
1965 : Géminis
1966 : Cáncer
1967 : Leo
1968 : Virgo
1969 : Virgo
del 16/7 : Libra
1970 : Libra
1971 : Escorpio
1972 : Capricornio
1973 : Acuario
1974 : Piscis
1975 : Aries
1976 : Tauro
1977 : Géminis
1978 : Cáncer
1979 : Leo
1980 : Virgo
1981 : Libra
1982 : Escorpio
1983 : Sagitario
1984 : Capricornio
1985 : Acuario
1986 : Piscis
1987 : Aries
1988 : Tauro
1989 : Géminis
1990 : Cáncer
1991 : Leo
1992 : Virgo
1993 : Libra
1994 : Escorpio
1995 : Sagitario
1996 : Capricornio
1997 : Acuario
1998 : Piscis
1999 : Aries
del 28/6 : Tauro
2000 : Tauro
del 30/6 : Géminis
del 1/7 : Géminis
2001 : Géminis
del 12/7 : Cáncer
2002 : Cáncer
del 1/8 : Leo
2003 : Leo
del 27/8 : Virgo
2004 : Virgo
del 25/9 : Libra
2005 : Libra
del 26/10 : Escorpio
2006 : Escorpio
del 24/11 : Sagitario
2007 : Sagitario
del 18/12 : Capricornio

LEO

Descubra aquí en qué signo se encontraban los planetas lentos el año de su nacimiento.

Plutón
del 4/8/38-18/8/57	: Leo
del 19/8/57-30/7/72	: Virgo
del 31/7/72 al 1984	: Libra
del 1985 al 1994	: Esc.
del 1995 al 2009	: Sag.
del 2009 al 2023	: Capr.

Neptuno
del 1915 al 24/7/29	: Leo
del 25/7/29-2/8/43	: Virgo
del 3/8/43 al 5/8/57	: Libra
del 6/8/57 al 1970	: Esc.
del 1971 al 1984	: Sag.
del 1985 al 1997	: Capr.
del 1998 al 2012	: Ac.

Urano
del 1912 al 1918	: Ac.
1919: Pisc. del 17/8	: Ac.
del 1920 al 1926	: Piscis
del 1927 al 1933	: Aries
del 1934 al 7/8/41	: Tauro
del 8/8/41 al 1948	: Gém.
del 1949 al 1955	: Cáncer
del 1956 al 9/8/62	: Leo
del 10/8/62 al 1968	: Virgo
del 1969 al 1975	: Libra
del 1976 al 1981	: Esc.
del 1982 al 1988	: Sag.
del 1989 al 1995	: Capr.
del 1996 al 2003	: Ac.
del 2003 al 2011	: Piscis

Saturno
del 1910 al 1911	: Tauro
del 1912 al 1914	: Gém.
del 1915 al 1916	: Cáncer
del 1917 al 12/8/19	: Leo
del 13/8/19 al 1921	: Virgo
del 1922 al 1924	: Libra
del 1925 al 1926	: Esc.
del 1927 al 1929	: Sag.
del 1930 al 1931	: Capr.
1932: Ac. del 31/8	: Capr.
del 1933 al 1934	: Ac.
del 1935 al 1936	: Piscis
del 1937 al 1938	: Aries
del 1939 al 1941	: Tauro
del 1942 al 1943	: Gém.
del 1944 al 2/8/46	: Cáncer
del 3/8/46 al 1948	: Leo
del 1949 al 13/8/51	: Virgo
del 14/8/51 al 1953	: Libra
del 1954 al 1956	: Esc.
del 1957 al 1958	: Sag.
del 1959 al 1961	: Capr.
del 1962 al 1963	: Ac.
del 1964 al 1966	: Piscis
del 1967 al 1968	: Aries
del 1969 al 1970	: Tauro
del 1971 al 1/8/73	: Gém.
del 2/8/73 al 1975	: Cáncer
del 1976 al 26/7/78	: Leo
del 26/7/78 al 1980	: Virgo

del 1981 al 1983	: Libra
del 1984 al 1985	: Esc.
del 1986 al 1988	: Sag.
del 1989 al 1990	: Capr.
del 1991 al 1993	: Ac.
del 1994 al 1995	: Piscis
del 1996 al 1997	: Aries
del 1998 al 1/3/1999	: Tauro
del 1/3/99 al 20/4/01	: Géminis
del 20/4/01 el 22/4/05	: Cáncer
del 22/4/05 el 2/9/07	: Leo
del 2/9/07 al 29/10/09	: Virgo

Júpiter
1911	: Escorpio
1912	: Sagitario
1913	: Capricornio
1914	: Acuario
1915	: Piscis
1916	: Tauro
1917	: Géminis
1918	: Cáncer
1919	: Cáncer
del 2/8	: Leo
1920	: Leo
1921	: Virgo
1922	: Libra
1923	: Escorpio
1924	: Sagitario
1925	: Capricornio
1926	: Acuario
1927	: Aries
1928	: Tauro
1929	: Géminis
1930	: Cáncer
1931	: Leo
1932	: Leo
del 11/8	: Virgo
1933	: Virgo
1934	: Libra
1935	: Escorpio
1936	: Sagitario
1937	: Capricornio
1938	: Piscis
del 30/7	: Acuario
1939	: Aries
1940	: Tauro
1941	: Géminis
1942	: Cáncer
1943	: Leo
1944	: Leo
del 16/7	: Virgo
1945	: Virgo
1946	: Libra
1947	: Escorpio
1948	: Sagitario
1949	: Capricornio
1950	: Piscis
1951	: Aries
1952	: Tauro
1953	: Géminis
1954	: Cáncer
1955	: Leo
1956	: Virgo
1957	: Virgo

del 7/8	: Libra
1958	: Libra
1959	: Escorpio
1960	: Sagitario
1961	: Acuario
del 12/8	: Capricornio
1962	: Piscis
1963	: Aries
1964	: Tauro
1965	: Géminis
1966	: Cáncer
1967	: Leo
1968	: Virgo
1969	: Libra
1970	: Libra
del 16/8	: Escorpio
1971	: Escorpio
1972	: Capricornio
del 25/7	: Sagitario
1973	: Acuario
1974	: Piscis
1975	: Aries
1976	: Tauro
1977	: Géminis
del 20/8	: Cáncer
1978	: Cáncer
1979	: Leo
1980	: Virgo
1981	: Libra
1982	: Escorpio
1983	: Sagitario
1984	: Capricornio
1985	: Acuario
1986	: Piscis
1987	: Aries
1988	: Géminis
1989	: Géminis
del 31/7	: Cáncer
1990	: Cáncer
del 18/8	: Leo
1991	: Leo
1992	: Virgo
1993	: Libra
1994	: Escorpio
1995	: Sagitario
1996	: Capricornio
1997	: Acuario
1998	: Piscis
1999	: Tauro
2000	: Géminis
del 1/7	: Géminis
2001	: Géminis
del 12/7	: Cáncer
2002	: Cáncer
del 1/8	: Leo
2003	: Leo
del 27/8	: Virgo
2004	: Virgo
del 25/9	: Libra
2005	: Libra
del 26/10	: Escorpio
2006	: Sagitario
2007	: Sagitario
del 18/12	: Capricornio

VIRGO

Descubra aquí en qué signo se encontraban los planetas lentos el año de su nacimiento.

Plutón
del 1938 al 1956 : Leo
del 1957 al 1971 : Virgo
del 1972 al 27/9/84 : Libra
del 28/9/84 al 1994 : Esc.
del 1995 al 2009 : Sag.
del 2009 al 2023 : Capr.

Neptuno
del 1915 al 21/9/28 : Leo
del 22/9/28 al 1942 : Virgo
del 1943 al 1956 : Libra
del 1957 al 1970 : Esc.
del 1971 al 1984 : Sag.
del 1985 al 1997 : Capr.
del 1998 al 2012 : Ac.

Urano
del 1912 al 1919 : Ac.
del 1920 al 1926 : Piscis
del 1927 al 1933 : Aries
del 1934 al 1940 : Tauro
del 1941 al 30/8/48 : Gém.
del 31/8/48 al 24/8/55 : Cáncer
del 25/8/55 al 1961 : Leo
del 1962 al 1968 : Virgo
del 1969 al 7/9/75 : Libra
del 8/9/75 al 1981 : Esc.
del 1982 al 1988 : Sag.
del 1989 al 1995 : Capr.
del 1996 al 2003 : Ac.
del 2003 al 2011 : Piscis

Saturno
del 1910 al 1911 : Tauro
del 1912 al 1913 : Gém.
del 1914 al 1916 : Cáncer
del 1917 al 1918 : Leo
del 1919 al 1921 : Virgo
del 1922 al 13/9/24 : Libra
del 14/9/24 al 1926 : Esc.
del 1927 al 1929 : Sag.
del 1930 al 1932 : Capr.
del 1933 al 1934 : Ac.
del 1935 al 1936 : Piscis
del 1937 al 1938 : Aries
del 1939 al 1941 : Tauro
del 1942 al 1943 : Gém.
del 1944 al 1945 : Cáncer
del 1946 al 18/9/48 : Leo
del 19/9/48 al 1950 : Virgo
del 1951 al 1953 : Libra
del 1954 al 1956 : Esc.
del 1957 al 1958 : Sag.
del 1959 al 1961 : Capr.
del 1962 al 1963 : Ac.
del 1964 al 1966 : Piscis
del 1967 al 1968 : Aries
del 1969 al 1970 : Tauro
del 1971 al 1972 : Gém.
del 1973 al 16/9/75 : Cáncer
del 17/9/75 al 1977 : Leo
del 1978 al 1980 : Virgo
del 1981 al 1982 : Libra
del 1983 al 1985 : Esc.

del 1986 al 1988 : Sag.
del 1989 al 1990 : Capr.
del 1991 al 1993 : Ac.
del 1994 al 1995 : Piscis
del 1996 al 1997 : Aries
del 1998 al 1999 : Tauro
del 1/3/99 al 20/4/01 : Géminis
del 20/4/01 al 22/4/05 : Cáncer
del 22/4/05 al 2/9/07 : Leo
del 2/9/07 al 29/10/09 : Virgo

Júpiter
1908 : Leo
del 12/9 : Virgo
1909 : Virgo
1910 : Libra
1911 : Escorpio
1912 : Sagitario
1913 : Capricornio
1914 : Acuario
1915 : Piscis
1916 : Tauro
1917 : Géminis
1918 : Cáncer
1919 : Leo
1920 : Leo
del 27/8 : Virgo
1921 : Virgo
1922 : Libra
1923 : Escorpio
1924 : Sagitario
1925 : Capricornio
1926 : Acuario
1927 : Aries
1928 : Tauro
1929 : Géminis
1930 : Cáncer
1931 : Leo
1932 : Virgo
1933 : Virgo
del 10/9 : Libra
1934 : Libra
1935 : Escorpio
1936 : Sagitario
1937 : Capricornio
1938 : Acuario
1939 : Aries
1940 : Tauro
1941 : Géminis
1942 : Cáncer
1943 : Leo
1944 : Virgo
1945 : Virgo
del 25/8 : Libra
1946 : Libra
1947 : Escorpio
1948 : Sagitario
1949 : Capricornio
1950 : Piscis
del 15/9 : Acuario
1951 : Aries
1952 : Tauro
1953 : Géminis
1954 : Cáncer
1955 : Leo

1956 : Virgo
1957 : Libra
1958 : Libra
del 7/9 : Escorpio
1959 : Escorpio
1960 : Sagitario
1961 : Capricornio
1962 : Piscis
1963 : Aries
1964 : Tauro
1965 : Géminis
del 21/9 : Cáncer
1966 : Cáncer
1967 : Leo
1968 : Virgo
1969 : Libra
1970 : Escorpio
1971 : Escorpio
del 12/9 : Sagitario
1972 : Sagitario
1973 : Acuario
1974 : Piscis
1975 : Aries
1976 : Géminis
1977 : Cáncer
1978 : Cáncer
del 5/9 : Leo
1979 : Leo
1980 : Virgo
1981 : Libra
1982 : Escorpio
1983 : Sagitario
1984 : Capricornio
1985 : Acuario
1986 : Piscis
1987 : Aries
1988 : Géminis
1989 : Cáncer
1990 : Leo
1991 : Leo
del 12/9 : Virgo
1992 : Virgo
1993 : Libra
1994 : Escorpio
1995 : Sagitario
1996 : Capricornio
1997 : Acuario
1998 : Piscis
1999 : Tauro
2000 : Géminis
del 1/7 : Géminis
2001 : Géminis
del 12/7 : Cáncer
2002 : Cáncer
del 1/8 : Leo
2003 : Leo
del 27/8 : Virgo
2004 : Virgo
del 25/9 : Libra
2005 : Libra
del 26/10 : Escorpio
2006 : Escorpio
del 24/11 : Sagitario
2007 : Sagitario
del 18/12 : Capricornio

LIBRA

Descubra aquí en qué signo se encontraban los planetas lentos el año de su nacimiento.

Plutón
del 1913 al 6/10/37 : Cáncer
del 7/10/37 al 19/10/56 : Leo
del 20/10/56 al 4/10/71 : Virgo
5/10/71 al 1983 : Libra
del 1984 al 1994 : Esc.
del 1995 al 2009 : Sag.
del 2009 al 2023 : Capr.

Neptuno
del 1914 al 1927 : Leo
del 1928 al 3/10/42 : Virgo
4/10/42 al 18/10/56 : Libra
del 19/10/56 al 1970 : Esc.
del 1971 al 1984 : Sag.
del 1985 al 1997 : Capr.
del 1998 al 2012 : Ac.

Urano
del 1913 al 1919 : Ac.
del 1920 al 1926 : Piscis
del 1927 al 1933 : Aries
1934: Tauro del 10/10 : Aries
del 1935 al 1940 : Tauro
1941: Gé. del 5/10 : Tauro
del 1942 al 1947 : Gém.
del 1948 al 1954 : Cáncer
del 1955 al 1961 : Leo
del 1962 al 28/9/68 : Virgo
del 29/9/68 al 1974 : Libra
del 1975 al 1981 : Esc.
del 1982 al 1988 : Sag.
del 1989 al 1995 : Capr.
del 1996 al 2003 : Ac.
del 2003 al 2011 : Piscis

Saturno
del 1910 al 1911 : Tauro
del 1912 al 1913 : Gém.
del 1914 al 17/10/16 : Cáncer
del 18/10/16 al 1918 : Leo
del 1919 al 7/10/21 : Virgo
del 8/10/21 al 1923 : Libra
del 1924 al 1926 : Esc.
del 1927 al 1929 : Sag.
del 1930 al 1932 : Capr.
del 1933 al 1934 : Ac.
del 1935 al 1936 : Piscis
1937: Aries del 18/10 : Piscis
del 1938 al 1939 : Aries
del 1940 al 1941 : Tauro
del 1942 al 1943 : Gém.
del 1944 al 1945 : Cáncer
del 1946 al 1947 : Leo
del 1948 al 1950 : Virgo
del 1951 al 1953 : Libra
del 1954 al 10/10/56 : Esc.
del 11/10/56 al 1958 : Sag.
del 1959 al 1961 : Capr.
del 1962 al 1964 : Ac.
del 1965 al 1966 : Piscis
del 1967 al 1968 : Aries
del 1969 al 1970 : Tauro
del 1971 al 1972 : Gém.
del 1973 al 1974 : Cáncer

del 1975 al 1977 : Leo
del 1978 al 1979 : Virgo
del 1980 al 1982 : Libra
del 1983 al 1985 : Esc.
del 1986 al 1988 : Sag.
del 1989 al 1990 : Capr.
del 1991 al 1993 : Ac.
del 1994 al 1995 : Piscis
del 1996 al 1997 : Aries
del 1998 al 1/3/99 : Tauro
del 1/3/99 al 20/4/01 : Gém.
del 20/4/01 al 22/4/05 : Cáncer
del 22/4/05 al 2/9/07 : Leo
del 2/9/07 al 29/10/09 : Virgo

Júpiter
1911 : Escorpio
1912 : Sagitario
1913 : Capricornio
1914 : Acuario
1915 : Piscis
1916 : Tauro
1917 : Géminis
1918 : Cáncer
1919 : Leo
1920 : Virgo
1921 : Virgo
del 26/9 : Libra
1922 : Libra
1923 : Escorpio
1924 : Sagitario
1925 : Capricornio
1926 : Acuario
1927 : Piscis
1928 : Tauro
1929 : Géminis
1930 : Cáncer
1931 : Leo
1932 : Virgo
1933 : Libra
1934 : Libra
del 11/10 : Escorpio
1935 : Escorpio
1936 : Sagitario
1937 : Capricornio
1938 : Acuario
1939 : Aries
1940 : Tauro
1941 : Géminis
1942 : Cáncer
1943 : Leo
1944 : Virgo
1945 : Libra
1946 : Libra
del 25/9 : Escorpio
1947 : Escorpio
1948 : Sagitario
1949 : Capricornio
1950 : Acuario
1951 : Aries
1952 : Tauro
1953 : Géminis
1954 : Cáncer
1955 : Leo
1956 : Virgo

1957 : Libra
1958 : Escorpio
1959 : Escorpio
del 5/10 : Sagitario
1960 : Sagitario
1961 : Capricornio
1962 : Piscis
1963 : Aries
1964 : Tauro
1965 : Cáncer
1966 : Cáncer
del 27/9 : Leo
1967 : Leo
del 19/10 : Virgo
1968 : Virgo
1969 : Libra
1970 : Escorpio
1971 : Sagitario
1972 : Sagitario
del 26/9 : Capricornio
1973 : Acuario
1974 : Piscis
1975 : Aries
1976 : Géminis
1977 : Cáncer
1978 : Leo
1979 : Leo
del 29/9 : Virgo
1980 : Virgo
1981 : Libra
1982 : Escorpio
1983 : Sagitario
1984 : Capricornio
1985 : Acuario
1986 : Piscis
1987 : Aries
1988 : Géminis
1989 : Cáncer
1990 : Leo
1991 : Virgo
1992 : Virgo
del 10/10 : Libra
1993 : Libra
1994 : Escorpio
1995 : Sagitario
1996 : Capricornio
1997 : Acuario
1998 : Piscis
1999 : Tauro
2000 : Géminis
del 1/7 : Géminis
2001 : Géminis
del 12/7 : Cáncer
2002 : Cáncer
del 1/8 : Leo
2003 : Leo
del 27/8 : Virgo
2004 : Virgo
del 25/9 : Libra
2005 : Libra
del 26/10 : Escorpio
2006 : Escorpio
del 24/11 : Sagitario
2007 : Sagitario
del 18/12 : Capricornio

89

ESCORPIO

Descubra aquí en qué signo se encontraban los planetas lentos el año de su nacimiento.

Plutón
del 1937 al 1955	: Leo
del 1956 al 1970	: Virgo
del 1971 al 5/11/83	: Libra
del 6/11/83 al 9/11/95	: Esc.
del 10/11/95 al 2009	: Sag.
del 2009 al 2023	: Capr.

Neptuno
del 1914 al 1927	: Leo
del 1928 al 1941	: Virgo
del 1942 al 1955	: Libra
del 1956 al 6/11/70	: Esc.
del 7/11/70 al 20/11/84	: Sag.
del 21/11/84 al 1998	: Capr.
del 1999 al 2012	: Ac.

Urano
del 12/11/12 al 1919	: Ac.
del 1920 al 1926	: Piscis
1927: Aries del 4/11	: Piscis
del 1928 al 1934	: Aries
del 1935 al 1941	: Tauro
del 1942 al 1947	: Gém.
1948: Cán. del 21/11	: Gém.
del 1949 al 1954	: Cáncer
del 1955 al 1/11/61	: Leo
del 2/11/61 al 1967	: Virgo
del 1968 al 20/11/74	: Libra
del 21/11/74 al 16/11/81	: Esc.
del 16/11/81 al 1988	: Sag.
del 1989 al 1995	: Capr.
del 1996 al 2003	: Ac.
del 2003 al 2011	: Piscis

Saturno
del 1910 al 1911	: Tauro
del 1912 al 1913	: Gém.
del 1914 al 1915	: Cáncer
del 1916 al 1918	: Leo
del 1919 al 1920	: Virgo
del 1921 al 1923	: Libra
del 1924 al 1926	: Esc.
del 1927 al 1929	: Sag.
del 1930 al 19/11/32	: Capr.
del 20/11/32 al 1934	: Ac.
del 1935 al 1937	: Piscis
del 1938 al 1939	: Aries
del 1940 al 1941	: Tauro
del 1942 al 1943	: Gém.
del 1944 al 1945	: Cáncer
del 1946 al 1947	: Leo
del 1948 al 20/11/50	: Virgo
del 21/11/50 al 1952	: Libra
del 1953 al 1955	: Esc.
del 1956 al 1958	: Sag.
del 1959 al 1961	: Capr.
del 1962 al 1964	: Ac.
del 1965 al 1966	: Piscis
del 1967 al 1968	: Aries
del 1969 al 1970	: Tauro
del 1971 al 1972	: Gém.
del 1973 al 1974	: Cáncer
del 1975 al 16/11/77	: Leo
del 17/11/77 al 1979	: Virgo

del 1980 al 1982	: Libra
del 1983 al 16/11/85	: Esc.
del 17/11/85 al 11/11/88	: Sag.
del 12/11/88 al 1990	: Capr.
del 1991 al 1993	: Ac.
del 1994 al 1995	: Piscis
del 1996 al 1997	: Aries
1998: Tauro del 26/10	: Aries
1999	: Tauro
del 1/3/99 al 20/4/01	: Gém.
del 20/4/01 al 22/4/05	: Cáncer
del 22/4/05 al 2/9/07	: Leo
del 2/9/07 al 29/10/09	: Virgo

Júpiter
1913	: Capricornio
1914	: Acuario
1915	: Piscis
1916	: Tauro
del 27/10	: Aries
1917	: Géminis
1918	: Cáncer
1919	: Leo
1920	: Virgo
1921	: Libra
1922	: Libra
del 27/10	: Escorpio
1923	: Escorpio
1924	: Sagitario
1925	: Capricornio
1926	: Acuario
1927	: Piscis
1928	: Tauro
1929	: Géminis
1930	: Cáncer
1931	: Leo
1932	: Virgo
1933	: Libra
1934	: Escorpio
1935	: Escorpio
del 9/11	: Sagitario
1936	: Sagitario
1937	: Capricornio
1938	: Acuario
1939	: Aries
del 30/10	: Piscis
1940	: Tauro
1941	: Géminis
1942	: Cáncer
1943	: Leo
1944	: Virgo
1945	: Libra
1946	: Escorpio
1947	: Escorpio
1948	: Sagitario
del 15/11	: Capricornio
1949	: Capricornio
1950	: Acuario
1951	: Aries
1952	: Tauro
1953	: Géminis
1954	: Cáncer
1955	: Leo
del 17/11	: Virgo
1956	: Virgo

1957	: Libra
1958	: Escorpio
1959	: Sagitario
1960	: Sagitario
del 26/10	: Capricornio
1961	: Capricornio
del 4/11	: Acuario
1962	: Piscis
1963	: Aries
1964	: Tauro
1965	: Cáncer
del 17/11	: Géminis
1966	: Leo
1967	: Virgo
1968	: Virgo
del 16/11	: Libra
1969	: Libra
1970	: Escorpio
1971	: Sagitario
1972	: Capricornio
1973	: Acuario
1974	: Piscis
1975	: Aries
1976	: Tauro
1977	: Cáncer
1978	: Leo
1979	: Virgo
1980	: Virgo
del 27/10	: Libra
1981	: Libra
1982	: Escorpio
1983	: Sagitario
1984	: Capricornio
1985	: Acuario
1986	: Piscis
1987	: Aries
1988	: Géminis
1989	: Cáncer
1990	: Leo
1991	: Virgo
1992	: Libra
1993	: Libra
del 10/11	: Escorpio
1994	: Escorpio
1995	: Sagitario
1996	: Capricornio
1997	: Acuario
1998	: Piscis
1999	: Aries
2000	: Géminis
del 1/7	: Géminis
2001	: Géminis
del 12/7	: Cáncer
2002	: Cáncer
del 1/8	: Leo
2003	: Leo
del 27/8	: Virgo
2004	: Virgo
del 25/9	: Libra
2005	: Libra
del 26/10	: Escorpio
2006	: Escorpio
del 24/11	: Sagitario
2007	: Sagitario
del 18/12	: Capricornio

SAGITARIO
Descubra aquí en qué signo se encontraban los planetas lentos el año de su nacimiento.

Plutón
1937: Leo del 25/11 : Cáncer
del 1938 al 1955 : Leo
del 1956 al 1970 : Virgo
del 1971 al 1982 : Libra
del 1983 al 1994 : Esc.
del 1995 al 2009 : Sag.
del 2009 al 2023 : Capr.

Neptuno
1914: Leo del 15/12 : Cáncer
del 1915 al 1927 : Leo
del 1928 al 1941 : Virgo
del 1942 al 1955 : Libra
del 1956 al 1969 : Esc.
del 1970 al 1983 : Sag.
del 1984 al 27/11/98 : Capr.
del 28/11/98 al 2012 : Ac.

Urano
del 1912 al 1919 : Ac.
del 1920 al 1927 : Piscis
del 1928 al 1934 : Aries
del 1935 al 1941 : Tauro
del 1942 al 1948 : Gém.
del 1949 al 1954 : Cáncer
del 1955 al 1960 : Leo
del 1961 al 1967 : Virgo
del 1968 al 1973 : Libra
del 1974 al 1980 : Esc.
del 1981 al 2/12/88 : Sag.
del 3/12/88 al 1995 : Capr.
del 1996 al 2003 : Ac.
del 2003 al 2011 : Piscis

Saturno
1910 : Tauro del 15/12 : Aries
1911 : Tauro
1912 : Gém. del 1/12 : Tauro
1913 : Géminis
1914: Cánc. del 7/12 : Gém.
1915 : Cáncer
1916: Leo del 8/12 : Cáncer
del 1917 al 1918 : Leo
del 1919 al 1920 : Virgo
del 1921 al 19/12/23 : Libra
del 20/12/23 al 2/12/26: Esc.
del 3/12/26 al 30/11/29: Sag.
del 1/12/29 al 1931 : Capr.
del 1932 al 1934 : Ac.
del 1935 al 1937 : Piscis
del 1938 al 1939 : Aries
del 1940 al 1941 : Tauro
del 1942 al 1943 : Gém.
del 1944 al 1945 : Cáncer
del 1946 al 1947 : Leo
del 1948 al 1949 : Virgo
del 1950 al 1952 : Libra
del 1953 al 1955 : Esc.
del 1956 al 1958 : Sag.
del 1959 al 1961 : Capr.
del 1962 al 15/12/64 : Ac.
del 16/12/64 al 1966 : Piscis
del 1967 al 1968 : Aries
del 1969 al 1970 : Tauro

del 1971 al 1972 : Gém.
del 1973 al 1974 : Cáncer
del 1975 al 1976 : Leo
del 1977 al 1979 : Virgo
del 1980 al 28/11/82 : Libra
del 29/11/82 al 1984 : Esc.
del 1985 al 1987 : Sag.
del 1988 al 1990 : Capr.
del 1991 al 1993 : Ac.
del 1994 al 1995 : Piscis
del 1996 al 1998 : Aries
1999 : Tauro
del 1/3/99 al 20/4/01 : Gém.
del 20/4/01 al 22/4/05 : Cáncer
del 22/4/05 al 2/9/07 : Leo
del 2/9/07 al 29/10/09 : Virgo

Júpiter
1914 : Acuario
1915 : Piscis
1916 : Aries
1917 : Géminis
1918 : Cáncer
1919 : Leo
1920 : Virgo
1921 : Libra
1922 : Escorpio
1923 : Escorpio
del 25/11 : Sagitario
1924 : Sagitario
del 18/12 : Capricornio
1925 : Capricornio
1926 : Acuario
1927 : Piscis
1928 : Tauro
1929 : Géminis
1930 : Cáncer
1931 : Leo
1932 : Virgo
1933 : Libra
1934 : Escorpio
1935 : Sagitario
1936 : Sagitario
del 2/12 : Capricornio
1937 : Capricornio
1938 : Acuario
1939 : Piscis
1940 : Tauro
1941 : Géminis
1942 : Cáncer
1943 : Leo
1944 : Virgo
1945 : Libra
1946 : Escorpio
1947 : Sagitario
1948 : Capricornio
1949 : Capricornio
del 1/12 : Acuario
1950 : Acuario
del 2/12 : Piscis
1951 : Aries
1952 : Tauro
1953 : Géminis
1954 : Cáncer
1955 : Virgo

1956 : Virgo
del 13/12 : Libra
1957 : Libra
1958 : Escorpio
1959 : Sagitario
1960 : Capricornio
1961 : Acuario
1962 : Piscis
1963 : Aries
1964 : Tauro
1965 : Géminis
1966 : Leo
1967 : Virgo
1968 : Libra
1969 : Libra
del 17/12 : Escorpio
1970 : Escorpio
1971 : Sagitario
1972 : Capricornio
1973 : Acuario
1974 : Piscis
1975 : Aries
1976 : Tauro
1977 : Cáncer
1978 : Leo
1979 : Virgo
1980 : Libra
1981 : Libra
del 27/11 : Escorpio
1982 : Escorpio
1983 : Sagitario
1984 : Capricornio
1985 : Acuario
1986 : Piscis
1987 : Aries
1988 : Géminis
del 1/12 : Tauro
1989 : Cáncer
1990 : Leo
1991 : Virgo
1992 : Libra
1993 : Escorpio
1994 : Escorpio
del 9/12 : Sagitario
1995 : Sagitario
1996 : Capricornio
1997 : Acuario
1998 : Piscis
1999 : Aries
2000 : Géminis
del 1/7 : Géminis
2001 : Géminis
del 12/7 : Cáncer
2002 : Cáncer
del 1/8 : Leo
2003 : Leo
del 27/8 : Virgo
2004 : Virgo
del 25/9 : Libra
2005 : Libra
del 26/10 : Escorpio
2006 : Escorpio
del 24/11 : Sagitario
2007 : Sagitario
del 18/12 : Capricornio

91

CAPRICORNIO

Descubra aquí en qué signo se encontraban los planetas lentos el año de su nacimiento.

Plutón
dic.1938-en.1956 : Leo
dic.1956-14/1/57 : Virgo
del 15/1/57 : Leo
dic.1957-en.1971 : Virgo
dic.1971-en.1983 : Libra
dic.1983-16/1/95 : Esc.
17/1/95-dic.2009 : Sag.
del 2009 al 2023 : Capr.

Neptuno
dic.1915-en.1928 : Leo
dic.1928-en.1942 : Virgo
dic.1942-24/12/55 : Libra
25/12/55-4/1/70 : Esc.
5/1/70-en.1984 : Sag.
dic.1984-en.1998 : Capr.
dic.1998-dic.2012 : Ac.

Urano
dic.1912-en.1920 : Ac.
dic.1920-12/1/28 : Piscis
13/1/28-en.1935 : Aries
dic.1935-en.1942 : Tauro
dic.1942-3n.1949 : Gém.
dic.1949-en.1955 : Cáncer
dic.1955-en.1961 : Leo
dic.1961-9/1/62 : Virgo
del 10/1/62 : Virgo
dic.1962-en.1968 : Virgo
dic.1968-en.1974 : Libra
dic.1974-en.1981 : Esc.
dic.1981-en.1988 : Sag.
dic.1988-11/1/96 : Capr.
12/1/96-dic.2003 : Ac.
del 2003 al 2011 : Piscis

Saturno
dic.1911-en.1913 : Tauro
dic.1913-en.1915 : Gém.
dic.1915-en.1917 : Cáncer
dic.1917-en.1919 : Leo
dic.1919-en.1921 : Virgo
dic.1921-en.1923 : Libra
dic.1923-en.1926 : Esc.
dic.1926-en.1929 : Sag.
dic.1929-en.1932 : Capr.
dic.1932-en.1935 : Ac.
dic.1935-13/1/38 : Piscis
14/1/38-en.1940 : Aries
dic.1940-en.1942 : Tauro
dic.1942-en.1944 : Gém.
dic.1944-en.1946 : Cáncer
dic.1946-en.1948 : Leo
dic.1948.en.1950 : Virgo
dic.1950.en.1953 : Libra
dic.1953.12/1/56 : Esc.
13/1/56-5/1/59 : Sag.
6/1/59-3/1/62 : Capr.
4/1/62-en.1964 : Ac.
dic.1964-en.1967 : Piscis
dic.1967-en.1969 : Aries
dic.1969-en.1971 : Tauro
dic.1971-9/1/72 : Gém.
del 10/1/72 : Tauro

dic.1972-en.1973 : Gém.
dic.1973-7/1/74 : Cáncer
del 8/1/74 : Gém.
dic.1974-en.1975 : Cáncer
dic.1975-14/1/76 : Leo
del 14/1/76 : Cáncer
dic.1976-en.1977 : Leo
dic.1977-4/1/78 : Virgo
del 5/1/78 : Leo
dic.1978-en.1980 : Virgo
dic.1980-en.1982 : Libra
dic.1982-en.1985 : Esc.
dic.1985-en.1988 : Sag.
dic.1988-en.1991 : Capr.
dic.1991-en.1994 : Ac.
dic.1994-en.1996 : Piscis
dic.1996-en.1999 : Aries
del 1/2/99-20/4/01 : Gém.
del 20/4/01-22/4/05 : Cáncer
del 22/4/05 al 2/9/07: Leo
del 2/9/07 al 29/10/09: Virgo

Júpiter
dic.1906-en.1907 : Cáncer
dic.1907-en.1908 : Leo
dic.1908-en.1909 : Virgo
dic.1909-en.1910 : Libra
dic.1910-en.1911 : Esc.
dic.1911-2/1/13 : Sag.
3/1/13-en.1914 : Capr.
dic.1914-en.1915 : Ac.
dic.1915-en.1916 : Piscis
dic.1916-en.1917 : Aries
dic.1917-en.1918 : Gém.
dic.1918-en.1919 : Cáncer
dic.1919-en.1920 : Leo
dic.1920-en.1921 : Virgo
dic.1921-en.1922 : Libra
dic.1922-en.1923 : Esc.
dic.1923-en.1924 : Sag.
dic. 1925 ?????
dic.5-1-1926 : Capr.
6/1/26-17/1/27 : Ac.
18/1/27-en.1928 : Piscis
dic.1928-en.1929 : Tauro
dic.1929-en.1930 : Gém.
dic.1930-en.1931 : Cáncer
dic.1931-en.1932 : Leo
dic.1932-en.1933 : Virgo
dic.1933-en.1934 : Libra
dic.1934-en.1935 : Esc.
dic.1935-en.1936 : Sag.
dic.1936-en.1937 : Capr.
dic.1937-29/12/38 : Ac.
30/12/38-en.1939 : Piscis
dic.1939-en.1940 : Aries
dic.1940-en.1941 : Tauro
dic.1941-en.1942 : Gém.
dic.1942-en.1943 : Cáncer
dic.1943-en.1944 : Leo
dic.1944-en.1945 : Virgo
dic.1945-en.1946 : Libra
dic.1946-en.1947 : Esc.
dic.1947-en.1948 : Sag.
dic.1948-en.1949 : Capr.

dic.1949-en.1950 : Ac.
dic.1950-en.1951 : Piscis
dic.1951-en.1952 : Aries
dic.1952-en.1953 : Tauro
dic.1953-en.1954 : Gém.
dic.1954-en.1955 : Cáncer
dic.1955-17/1/56 : Virgo
del 18/1/56 : Leo
dic.1956-13/1/58 : Libra
14/1/58-en.1959 : Esc.
dic.1959-en.1960 : Sag.
dic.1960-en.1961 : Capr.
dic.1961-en.1962 : Ac.
dic.1962-en.1963 : Piscis
dic.1963-en.1964 : Aries
dic.1964-en.1965 : Tauro
dic.1965-en.1966 : Gém.
dic.1966-15/1/67 : Leo
del 16/1/67 : Cáncer
dic.1967-en.1968 : Virgo
dic.1968-en.1969 : Libra
dic.1969-13/1/71 : Esc.
14/1/71-en.1972 : Sag.
dic.1972-en.1973 : Capr.
dic.1973-en.1974 : Ac.
dic.1974-en.1975 : Piscis
dic.1975-en.1976 : Aries
dic.1976-en.1977 : Tauro
dic.1977 : Cáncer
31/12/77-en.1978 : Gém.
dic.1978-en.1979 : Leo
dic.1979-en.1980 : Virgo
dic.1980-en.1981 : Libra
dic.1981-25/12/82 : Esc.
26/12/82-en.1984 : Sag.
dic.1984-en.1985 : Capr.
dic.1985-en.1986 : Ac.
dic.1986-en.1987 : Piscis
dic.1987-en.1988 : Aries
dic.1988-en.1989 : Tauro
dic.1989-en.1990 : Cáncer
dic.1990-en.1991 : Leo
dic.1991-en.1992 : Virgo
dic.1992-en.1993 : Libra
dic.1993-en.1994 : Esc.
dic.1994-2/1/96 : Sag.
3/1/96-en.1997 : Capr.
dic.1997-en.1998 : Ac.
dic.1998-en.1999 : Piscis
dic.1999-en.2000 : Aries
dic.2000 : Gém.
2001 : Gém.
del 12/7 : Cáncer
2002 : Cáncer
del 1/8 : Leo
2003 : Leo
del 27/8 : Virgo
2004 : Virgo
del 25/9 : Libra
2005 : Libra
del 26/10 : Esc.
2006 : Esc.
del 24/11 : Sag.
2007 : Sag.
del 18/12 : Capr.

ACUARIO

Descubra aquí en qué signo se encontraban los planetas lentos el año de su nacimiento.

Plutón
1939: Leo del 7/2 : Cáncer
del 1940 al 1957 : Leo
del 1958 al 1971 : Virgo
del 1972 al 1983 : Libra
del 1984 al 1994 : Esc.
del 1995 al 2009 : Sag.
del 2009 al 2023 : Capr.

del 1981 al 1982 : Libra
del 1983 al 1985 : Esc.
del 1986 al 13/2/88 : Sag.
del 14/2/88 al 6/2/91 : Capr.
del 7/2/91 al 28/1/94 : Ac.
del 29/1/94 al 1996 : Piscis
del 1997 al 1999 : Aries
del 1/3/99 al 20/4/01 : Gém.
del 20/4/01 al 22/4/05 : Cáncer
del 22/4/05 al 2/9/07 : Leo
del 2/9/07 al 29/10/09 : Virgo

Neptuno
del 1916 al 1928 : Leo
del 1929 al 1942 : Virgo
del 1943 al 1955 : Libra
del 1956 al 1969 : Esc.
del 1970 al 1983 : Sag.
del 1984 al 28/1/98 : Capr.
del 29/1/98 al 2012 : Ac.

Urano
del 31/1/12 al 22/1/20 : Ac.
del 23/1/20 al 1927 : Piscis
del 1928 al 1935 : Aries
del 1936 al 1942 : Tauro
del 1943 al 1949 : Gém.
del 1950 al 1955 : Cáncer
1956: Leo del 28/1 : Cáncer
del 1957 al 1962 : Leo
del 1963 al 1968 : Virgo
del 1969 al 1974 : Libra
del 1975 al 1981 : Esc.
del 1982 al 14/2/88 : Sag.
del 15/2/88 al 1995 : Capr.
del 1996 al 2003 : Ac.
del 2003 al 2011 : Piscis

Saturno
del 1911 al 1913 : Tauro
del 1914 al 1915 : Gém.
del 1916 al 1917 : Cánc.
del 1918 al 1919 : Leo
del 1920 al 1921 : Virgo
del 1922 al 1923 : Libra
del 1924 al 1926 : Esc.
del 1927 al 1929 : Sag.
del 1930 al 1932 : Capr.
del 1933 al 14/2/35 : Ac.
del 15/2/35 al 1937 : Piscis
del 1938 al 1940 : Aries
del 1941 al 1942 : Tauro
del 1943 al 1944 : Gém.
del 1945 al 1946 : Cáncer
del 1947 al 1948 : Leo
del 1949 al 1950 : Virgo
del 1951 al 1953 : Libra
del 1954 al 1955 : Esc.
del 1956 al 1958 : Sag.
del 1959 al 1961 : Capr.
del 1962 al 1964 : Ac.
del 1965 al 1967 : Piscis
del 1968 al 1969 : Aries
del 1970 al 1972 : Tauro
del 1973 al 1974 : Gém.
del 1975 al 1976 : Cáncer
del 1977 al 1978 : Leo
del 1979 al 1980 : Virgo

Júpiter
1910 : Libra
1911 : Escorpio
1912 : Sagitario
1913 : Capricornio
1914 : Capricornio
del 22/1 : Acuario
1915 : Acuario
del 4/2 : Piscis
1916 : Piscis
del 12/2 : Aries
1917 : Aries
del 13/2 : Tauro
1918 : Géminis
1919 : Cáncer
1920 : Leo
1921 : Virgo
1922 : Libra
1923 : Escorpio
1924 : Sagitario
1925 : Capricornio
1926 : Acuario
1927 : Piscis
1928 : Piscis
del 23/1 : Aries
1929 : Tauro
1930 : Géminis
1931 : Cáncer
1932 : Leo
1933 : Virgo
1934 : Libra
1935 : Escorpio
1936 : Sagitario
1937 : Capricornio
1938 : Acuario
1939 : Piscis
1940 : Aries
1941 : Tauro
1942 : Géminis
1943 : Cáncer
1944 : Leo
1945 : Virgo
1946 : Libra
1947 : Escorpio
1948 : Sagitario
1949 : Capricornio
1950 : Acuario
1951 : Piscis
1952 : Aries
1953 : Tauro
1954 : Géminis
1955 : Cáncer
1956 : Leo

1957 : Libra
1958 : Escorpio
1959 : Escorpio
del 10/2 : Sagitario
1960 : Sagitario
1961 : Capricornio
1962 : Acuario
1963 : Piscis
1964 : Aries
1965 : Tauro
1966 : Géminis
1967 : Cáncer
1968 : Virgo
1969 : Libra
1970 : Escorpio
1971 : Sagitario
1972 : Sagitario
del 7/2 : Capricornio
1973 : Capricornio
1974 : Acuario
1975 : Piscis
1976 : Aries
1977 : Tauro
1978 : Géminis
1979 : Leo
1980 : Virgo
1981 : Libra
1982 : Escorpio
1983 : Sagitario
1984 : Capricornio
1985 : Capricornio
del 7/2 : Acuario
1986 : Acuario
1987 : Piscis
1988 : Aries
1989 : Tauro
1990 : Cáncer
1991 : Leo
1992 : Virgo
1993 : Libra
1994 : Escorpio
1995 : Sagitario
1996 : Capricornio
1997 : Capricornio
del 22/1 : Acuario
1998 : Acuario
del 4/2 : Piscis
1999 : Piscis
del 13/2 : Aries
2000 : Aries
del 1/7 : Géminis
2001 : Géminis
del 12/7 : Cáncer
2002 : Cáncer
del 1/8 : Leo
2003 : Leo
del 27/8 : Virgo
2004 : Virgo
del 25/9 : Libra
2005 : Libra
del 26/10: Escorpio
2006 : Escorpio
del 24/11: Sagitario
2007 : Sagitario
del 18/12: Capricornio

PISCIS

Descubra aquí en qué signo se encontraban los planetas lentos el año de su nacimiento.

Plutón
del 1940 al 1957 : Leo
del 1958 al 1971 : Virgo
del 1972 al 1983 : Libra
del 1984 al 1994 : Esc.
del 1995 al 2009 : Sag.
del 2009 al 2023 : Capr.

Neptuno
del 1916 al 1929 : Leo
del 1930 al 1942 : Virgo
del 1943 al 1955 : Libra
1956: Esc. del 1273 : Libra
del 1957 al 1969 : Esc.
del 1970 al 1983 : Sag.
del 1984 al 1997 : Capr.
del 1998 al 2012 : Ac.

Urano
del 1912 al 1919 : Ac.
del 1920 al 1927 : Piscis
del 1928 al 1935 : Aries
del 1936 al 1942 : Tauro
del 1943 al 1949 : Gém.
del 1950 al 1956 : Cáncer
del 1957 al 1962 : Leo
del 1963 al 1968 : Virgo
del 1969 al 1974 : Libra
del 1975 al 1980 : Esc.
del 1981 al 1987 : Sag.
del 1988 al 1995 : Capr.
del 1996 al 2003 : Ac.
del 2003 al 2011 : Piscis

Saturno
del 1911 al 1913 : Tauro
del 1914 al 1915 : Gém.
del 1916 al 1917 : Cáncer
del 1918 al 1919 : Leo
del 1920 al 1921 : Virgo
del 1922 al 1923 : Libra
del 1924 al 1926 : Esc.
del 1927 al 15/3/29 : Sag.
del 16/3/29 al 23/2/32 : Capr.
del 24/2/32 al 1934 : Ac.
del 1935 al 1937 : Piscis
del 1938 al 1940 : Aries
del 1941 al 1942 : Tauro
del 1943 al 1944 : Gém.
del 1945 al 1946 : Cáncer
del 1947 al 1948 : Leo
del 1949 al 1950 : Virgo
1951: Lib. del 7/3 : Virgo
del 1952 al 1953 : Libra
del 1954 al 1955 : Esc.
del 1956 al 1958 : Sag.
del 1959 al 1961 : Capr.
del 1962 al 1964 : Ac.
del 1965 al 3/3/67 : Piscis
del 4/3/67 al 1969 : Aries
del 1970 al 21/2/72 : Tauro
del 22/2/72 al 1974 : Gém.
del 1975 al 1976 : Cáncer
del 1977 al 1978 : Leo
del 1979 al 1980 : Virgo

del 1981 al 1982 : Libra
del 1983 al 1985 : Esc.
del 1986 al 1987 : Sag.
del 1988 al 1990 : Capr.
del 1991 al 1993 : Ac.
del 1994 al 1996 : Piscis
del 1997 al 28/2/99 : Aries
del 1/3/99 al 20/4/01 : Gém.
del 20/4/01 al 22/4/05 : Cáncer
del 22/4/05 al 2/9/07 : Leo
del 2/9/07 al 29/10/09 : Virgo

Júpiter
1909 : Virgo
1910 : Libra
1911 : Escorpio
1912 : Sagitario
1913 : Capricornio
1914 : Acuario
1915 : Piscis
1916 : Aries
1917 : Tauro
1918 : Géminis
1919 : Cáncer
1920 : Leo
1921 : Virgo
1922 : Libra
1923 : Escorpio
1924 : Sagitario
1925 : Capricornio
1926 : Acuario
1927 : Piscis
1928 : Aries
1929 : Tauro
1930 : Géminis
1931 : Cáncer
1932 : Leo
1933 : Virgo
1934 : Libra
1935 : Escorpio
1936 : Sagitario
1937 : Capricornio
1938 : Acuario
1939 : Piscis
1940 : Aries
1941 : Tauro
1942 : Géminis
1943 : Cáncer
1944 : Leo
1945 : Virgo
1946 : Libra
1947 : Escorpio
1948 : Sagitario
1949 : Capricornio
1950 : Acuario
1951 : Piscis
1952 : Aries
1953 : Tauro
1954 : Géminis
1955 : Cáncer
1956 : Leo
1957 : Virgo
1958 : Escorpio
1959 : Sagitario
1960 : Sagitario

del 1/3 : Capricornio
1961 : Capricornio
del 15/3 : Acuario
1962 : Acuario
1963 : Piscis
1964 : Aries
1965 : Tauro
1966 : Géminis
1967 : Cáncer
1968 : Virgo
del 27/2 : Leo
1969 : Libra
1970 : Escorpio
1971 : Sagitario
1972 : Capricornio
1973 : Capricornio
del 23/2 : Acuario
1974 : Acuario
del 8/3 : Piscis
1975 : Piscis
del 19/3 : Aries
1976 : Aries
1977 : Tauro
1978 : Géminis
1979 : Leo
del 1/3 : Cáncer
1980 : Virgo
1981 : Libra
1982 : Escorpio
1983 : Sagitario
1984 : Capricornio
1985 : Acuario
1986 : Acuario
del 21/2 : Piscis
1987 : Piscis
del 3/3 : Aries
1988 : Aries
del 9/3 : Tauro
1989 : Tauro
del 11/3 : Géminis
1990 : Cáncer
1992 : Virgo
1993 : Libra
1994 : Escorpio
1995 : Sagitario
1996 : Capricornio
1997 : Acuario
1998 : Piscis
1999 : Aries
2000 : Tauro
del 1/7 : Géminis
2001 : Géminis
del 12/7 : Cáncer
2002 : Cáncer
del 1/8 : Leo
2003 : Leo
del 27/8 : Virgo
2004 : Virgo
del 25/9 : Libra
2005 : Libra
del 26/10 : Escorpio
2006 : Escorpio
del 24/11 : Sagitario
2007 : Sagitario
del 18/12 : Capricornio

Aspectos planetarios

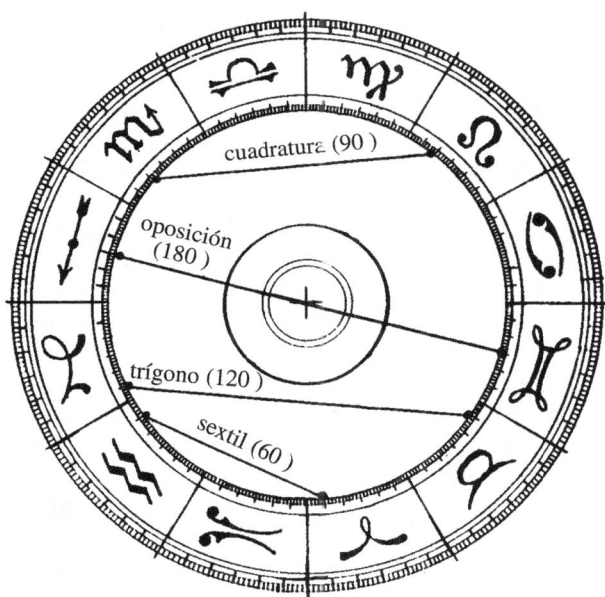

cuadratura (90°)

oposición (180°)

trígono (120°)

sextil (60°)

Fig. 6

En su movimiento a lo largo del círculo zodiacal, los astros ocupan posiciones distintas y por lo tanto se encuentran a diferentes distancias entre ellos. Estas relaciones de distancia (expresadas en grados) se llaman aspectos y proporcionan un indispensable instrumento de interpretación: la relación angular que se crea entre dos o más planetas influye en la dinámica de las fuerzas en juego, estimulándolas o ralentizándolas. En el tema natal, es decir, en la fotografía del cielo en el momento del nacimiento, los aspectos proporcionan la trama de las distintas componentes de la personalidad y de la experiencia individual. Los nuevos ángulos que los astros forman en el cielo con las posiciones planetarias originarias, son otro tipo de aspecto y reciben el nombre de *tránsitos,* que permiten seguir a la persona en su evolución. Estos son los aspectos de mayor importancia:

conjunción: dos o más planetas que se encuentran en el mismo grado zodiacal;
sextil: planetas que se encuentran a una distancia de 60 ;
cuadrante: planetas que se encuentran a una distancia de 90 ;
triangular: planetas que se encuentran a una distancia de 120 ;
oposición: planetas que se encuentran a una distancia de 180 .

Para todos estos aspectos se considera válido un redondeo de 7-10 , según la naturaleza de los planetas implicados. El sextil y el triángulo se consideran aspectos positivos, es decir que constituyen lazos de unión armoniosos entre las fuerzas astrales implicadas, que se unen o se estimulan de forma positiva recíprocamente. El sextil tiene un efecto de menos impacto, representando sobre todo una posibilidad favorable, una *carta a jugar,* una ayuda importante para la personalidad. El triángulo tiene un efecto más evidente y se podría comparar con un don de la naturaleza: una característica particularmente feliz en el temperamento o en el destino individual, que permite la plena expresión de las fuerzas en juego, de forma totalmente armoniosa y natural.

El cuadrante y la oposición se consideran aspectos negativos, es decir relaciones inarmónicas entre los planetas implicados, que suscitan tensión y contradicción, modificando en sentido restrictivo una de las fuerzas en cuestión. El cuadrante representa un obstáculo; según los casos puede corresponder a una limitación, a una reducción, o en cambio a un desorden, a una dispersión de energía, pero de todos modos es la señal de un trastorno. La oposición representa un antagonismo entre dos principios contrapuestos, que pueden predominar de forma alternativa, o uno de los dos polos puede imponerse en detrimento del otro.

La conjunción se considera tanto positiva como negativa, según los planetas implicados; representa una concentración de fuerzas, que se condensan más o menos armoniosamente, centradas en un único punto, que por lo tanto asume una importancia particular. La diferenciación entre aspectos positivos y negativos no se entiende de todos modos de forma muy rígida y cada aspecto se considera en la globalidad del tema.

Sobre el tema astral de nacimiento, los aspectos planetarios se representan gráficamente mediante una línea que une los dos planetas ligados por el propio aspecto (véase fig. 6).

Entendimiento entre los signos

Existen afinidades «de máxima» entre los distintos signos que se basan en la compatibilidad entre los cuatro elementos: fuego, tierra, aire y agua. Recordaremos brevemente que pertenecen al elemento fuego: Aries, Leo y Sagitario; signos de tierra son Tauro, Virgo y Capricornio; Géminis, Libra y Acuario son signos de aire; Cáncer, Escorpio y Piscis pertenecen al elemento agua. A grandes rasgos, se puede decir que entre los signos que pertenecen al mismo elemento se establece fácilmente una corriente de simpatía inmediata, porque se trata de personas que *hablan el mismo idioma*: dinámicos los signos de fuego, realistas los signos de tierra, comunicativos los signos de aire, emocionales los signos de agua. Un buen entendimiento en general se produce también en las combinaciones tierra y agua, y fuego y aire: en el primer caso la tierra se ablanda y es fecundada por el agua, en el segundo el fuego se reanima con el aire.

Pero naturalmente estas disposiciones generales no son suficientes para explicar la complejidad y las multiplicidades que caracterizan las relaciones interpersonales.

Así como el carácter de una persona es el resultado de la mezcla de virtudes, defectos e inclinaciones diversas, también el tema astral es un conjunto de fuerzas que se tienen que examinar globalmente para determinar los gustos, las predilecciones y las afinidades con otras personas.

El signo solar proporciona la nota fundamental, pero para obtener la *melodía* es necesario el apoyo de otros instrumentos, que en el caso de las relaciones interpersonales   y en particular las relaciones afectivas   están constituidas por el ascendente y los planetas Luna, Venus y Marte.

Aspectos con el ascendente

Como hemos descrito en los capítulos precedentes, el ascendente se corresponde con las actitudes espontáneas innatas del individuo y con su forma de presentarse a los demás. Al ser la primera imagen que la persona da de sí mismo, es fundamental para provocar atracción o antipatía: impresiones que pueden confirmarse o desmentirse luego, cuando el conocimiento se hace más profundo. Por lo tanto, es bastante común que el nativo de un determinado signo zodiacal sienta a primera vista simpatía por las personas que tienen el ascendente en el mismo signo, a las que ve como sus similares.

El ascendente es además particularmente importante en la determinación de afinidades de pareja, puesto que se opone al descendente, que delimita la VII Casa, comúnmente llamada la *Casa del matrimonio,* pero que con más precisión se podría definir como el sector en el que la persona encuentra su otro yo; su forma de comportarse en este encuentro es lo que se espera de esa relación. Para valorar la atracción entre dos personas y la posibilidad de evolución en una unión verdadera, son por lo tanto muy importantes los aspectos que implican el eje ascendente-descendente y los planetas situados en las Casas I y VII.

Los luminosos: el Sol y la Luna

El Sol y la Luna constituyen los elementos más importantes para determinar las afinidades en una relación íntima: se tienen que considerar como pareja, que constituye la polaridad de base de la personalidad: lo masculino y lo femenino, lo consciente y lo inconsciente. Normalmente es fácil la relación con un nativo del propio signo, aunque esto no sea suficiente para llegar a un entendimiento sentimental. El hombre se siente a menudo bastante atraído por las mujeres nativas del signo en el que se encuentra su Luna (por ejemplo, un nativo Tauro con la Luna en Sagitario se sentirá atraído por las mujeres Sagitario); sea porque evocan el recuerdo materno o porque encarnan su imagen de mujer ideal. En esta relación, la mujer ejerce una atracción muy especial sobre el hombre porque hace vibrar en él las cuerdas del inconsciente, evoca sus fantasías y al mismo tiempo las realiza: un contacto astral similar es por lo tanto bastante significativo en una relación de amor, índice de una correspondencia directa entre las dos polaridades masculina-femenina. Muy a menudo el hombre se siente atraído también por mujeres que tienen la Luna en el mismo signo en el que se encuentra la suya (por ejemplo, el hombre con la Luna en Leo atraído por una mujer con la Luna en

Leo); el mecanismo es bastante similar al anterior, pero en este caso es la feminidad de la mujer la que conquista al hombre; los dos se encuentran muy bien a nivel emotivo y se comprenden sin dificultad, pero existe el riesgo de que se trate de un contacto monocorde, entre dos formas de sentir demasiado similares que no se estimulan recíprocamente. También es interesante el caso en el que es el Sol del hombre el que se encuentra en el mismo signo que la Luna femenina (hombre nativo Piscis y mujer con Luna en Piscis): en este caso el hombre se deja seducir más conscientemente, mientras la mujer encuentra en la pareja a la persona que sabe comprender sus necesidades emotivas y satisfacer sus fantasías.

Obviamente, cuando en estas combinaciones los astros implicados están en conjunción entre ellos, la influencia de la configuración es mucho más sentida y constituye una estrecha relación entre las dos personas.

Es muy estimulante el caso en el que las Lunas de los dos se encuentran en signos opuestos (ejemplo: él Luna en Libra y ella Luna en Aries) o el Sol de uno y la Luna del otro se encuentran en signos opuestos (ejemplo: él con el Sol en Géminis y ella con la Luna en Sagitario): aunque se necesita realizar un pequeño esfuerzo de comprensión para componer la diversidad, se trata de relaciones con un intenso intercambio de experiencias, en las que los dos miembros se completan recíprocamente y pueden darse realmente mucho.

Venus y Marte

Los planetas Venus y Marte constituyen factores decisivos en las relaciones amorosas. Venus representa el mundo de los sentimientos, las dotes de atracción que se ejercen sobre la potencial pareja: en el tema femenino indica de qué forma la mujer «se da» a sí misma, en el tema masculino indica a qué señales es más sensible el hombre. Marte indica el impulso, la pasión, la carga necesaria para la conquista: en el tema masculino caracteriza el tipo de virilidad y de pulsión sexual, en el tema femenino representa la figura del hombre más deseado y la iniciativa para llamar su atención.

La relación entre Venus y Marte reviste, por lo tanto, una importancia básica para determinar las posibilidades de entendimiento afectivo global y en particular la atracción física y el entendimiento erótico. La conjunción de una pareja Venus uno con Marte el otro es una señal segura de gran atracción recíproca: cuando entre dos personas subsiste este contacto astral incluso involuntariamente, en el primer encuentro se advierte esta especie de tensión hacia el otro, que desemboca en una relación muy intensa y comprometida en el aspecto sexual: se trata de amor apasionado, que une a las dos personas con una necesidad física intensa. La pareja funciona por lo tanto muy bien a nivel instintivo, y si no existen otras señales de desacuerdo, la conjunción Venus-Marte, puede constituir el punto de fuerza de una unión siempre alegre, pero templada. Un efecto similar, aunque menos marcado, se tiene cuando Venus de un miembro de la pareja y Marte del otro se encuentran en el mismo signo pero no forman una conjunción.

Los aspectos propicios (sextil, triángulo) entre Venus y Marte de los dos miembros de la pareja son bastante benéficos, no sólo haciendo fácil el entendimiento sexual, sino aportando armonía, que puede durar largo tiempo porque está constantemente recargada de energías afectivas.

Los aspectos negativos (cuadrado, oposición) son muy a menudo una señal de alta tensión sexual y por lo tanto, a menudo se manifiestan en encuentros de duración breve, en las aventuras. Un entendimiento más profundo se presenta difícil porque, aunque es muy estimulante, una relación caracterizada por este aspecto es contradictoria, llena de incomprensiones o de peleas: los deseos de uno tropiezan con la voluntad del otro.

También las relaciones entre Venus y Venus, Marte y Marte son bastante significativas. Una relación Venus-Venus es señal de dulzura y afectuosidad en la pareja; una relación inarmónica señala una diversidad que puede hacer más emocionante, aunque menos satisfactoria, la relación, sin llegar a comprometer el éxito. En cambio, es más esencial una buena relación Marte-Marte puesto que los aspectos disonantes tienden a crear aversión y competitividad en la pareja.

Este breve repaso general sobre componentes astrales que determinan las posibilidades de entendimiento en las relaciones afectiva nos introduce en un campo mucho más amplio y fascinante: la sinastría, un sector específico de la astrología que estudia la comparación de los temas natales de dos personas para descubrir las afinidades, los puntos de fuerza de la unión, las divergencias y los problemas que se tienen que resolver.

La comparación sinástrica es muy útil para la pareja deseosa de desvelar las misteriosas tramas que regulan el amor, para entender mejor incluso el porqué de ciertas incomprensiones y la mejor forma para superarlas.

La sinastría no se aplica sólo a las relaciones sentimentales, sino a cada tipo de contacto interpersonal: amistad, relaciones de trabajo, etc. Según los casos, serán distintos los planetas encausados y será distinta la valoración de los distintos aspectos astrales.

Herencia astral

Las afinidades que se encuentran comparando las cartas astrales de padres e hijos merecen una atención particular: se puede hablar de una verdadera herencia astral que se transmite a la prole, así como se transmiten las características somáticas, temperamentales, etc. Esta unión astral entre el hijo y el padre no implica principalmente el signo solar: puede suceder que el hijo nazca bajo el mismo signo zodiacal del padre o de la madre, pero se trata de una probabilidad que por motivos obvios no se puede asumir como constante de herencia. En cambio, es muy frecuente que el hijo nazca con el ascendente en el mismo signo de uno de los padres: por ejemplo, un padre Aries y el hijo con el ascendente en Aries. Este es un factor bastante significativo puesto que el ascendente se basa en la hora de nacimiento y en cualquier fecha es posible nacer con el ascendente en cualquiera de los 12 signos. En este caso, el hijo asume actitudes y comportamientos inspirados por la personalidad del padre en cuestión y a menudo se le parece físicamente.

Es también bastante frecuente que el hijo tenga el ascendente en el mismo signo que el ascendente de uno de los padres, y en este caso los dos se parecen mucho en la forma de actuar y de expresarse más inmediata.

La posición de la Luna es una expresión de una unión particular con uno de los progenitores, cuando cae en el signo solar de uno de ellos (ejemplo: padre nativo de Géminis e hijo con Luna en Géminis). Si el progenitor en cuestión es la madre, es señal de una estrecha relación emocional y de una fuerte influencia materna sobre el hijo, que si es de sexo masculino tenderá a buscar una mujer similar a la madre, mientras que si es de sexo femenino se identificará fácilmente con la figura materna y en ella se inspirará para construirse su propia feminidad.

El discurso es similar cuando es el padre el que está implicado en esta correspondencia astral: El hijo tomará más fácilmente al padre como figura de referencia, sobre todo en la infancia. Si es una mujer, nutrirá un amor especial por el padre; si se trata de un niño su sensibilidad y su visión de la mujer se verán influenciadas por la herencia paterna. A menudo el hijo hereda la misma posición lunar de uno de los progenitores: expresión de una intensa unión emotiva, de un apego particular y de una identificación inconsciente con el padre interesado, sobre todo en la infancia.

Estas son las correspondencias astrales más frecuentes que constituyen los elementos de la herencia astral entre los padres y los hijos; pero el discurso podría continuar, remontarse a los abuelos y a los bisabuelos, para descubrir los lazos astrales que siguen el dibujo de la herencia de carácter, gustos, talento y defectos que se transmiten en las generaciones de una familia. Así como algunas señales físicas o de la personalidad, también algunas transmisiones saltan una generación y se podrían encontrar con claridad remontándose hacia atrás en el tiempo. Una búsqueda fascinante que puede tocar los argumentos más diversos relacionados con la familia: desde los problemas hereditarios hasta la psicología familiar, la genealogía, el seguimiento de actividades y empresas familiares. Pero sobre todo, la herencia astral representa otra ocasión para descubrir la armonía existente en el cosmos; el mensaje genético transmitido del padre al propio hijo encuentra su confirmación en las estrellas.

La influencia de los planetas lentos sobre las costumbres y la sociedad

Urano, Neptuno y Plutón son los planetas más lentos, que se mueven por la banda zodiacal sólo unos pocos grados al año, estacionando en el mismo signo durante mucho tiempo.

Por lo tanto, se entiende porqué tienen la importante característica de influenciar a generaciones enteras, dejando una huella particular de un determinado periodo histórico.

Hemos visto en las páginas anteriores cuál es su papel individual; en este capítulo intentaremos describir en cambio su influencia generacional y ver cómo encuadran el clima relativo a nuestra fase histórica.

Pero antes de continuar, veamos cuál es el movimiento efectivo de estos planetas.

Urano, el más rápido de los tres, realiza una vuelta completa al zodiaco en aproximadamente 80 años y, por lo tanto, se trata del último planeta que puede volver a su posición original durante la vida humana. El tránsito de Urano en un signo dura 6-7 años aproximadamente.

Neptuno realiza en cambio una vuelta completa al zodiaco en aproximadamente 164 años. Su estancia en un signo dura por lo tanto unos 13 años.

Plutón, finalmente, el planeta más lento, realiza un giro al zodiaco en unos 250 años, cambiando de signo cada 20 años aproximadamente.

Estas cifras son suficientes para dar una idea de la gran importancia de estos planetas, que marcan los ritmos más amplios del *reloj* zodiacal y, en su cíclica disposición en uniones armónicas e inarmónicas entre ellos, han acompañado los acontecimientos más importantes de nuestra historia.

Las influencias generacionales

Urano

Como ya hemos explicado en las páginas anteriores, el planeta Urano es una fuerza dinámica que representa la consciencia individual de uno mismo, los impulsos hacia la renovación, los cambios drásticos, la voluntad de alcanzar un objetivo preciso mediante el uso de los medios que se disponen; por lo tanto, es también el planeta de la tecnología, de la eficiencia utilitarista. El tránsito de Urano en los signos zodiacales determina por lo tanto la disponibilidad a las innovaciones, el activismo y el dinamismo del gran número de personas nacidas con las mismas posiciones zodiacales del planeta, y las mismas situaciones sociales y colectivas capaces de movilizar las energías para un objetivo inmediato. Ejemplo clásico es el de la generación de los sesenta, caracterizada por la posición de Urano en Géminis: signo intelectual, por excelencia, que representa el estudio, la cultura, la información, objetos de la histórica protesta; bajo su influencia la voluntad asumió matices de exhibicionismo impertinente, pero también un hiriente espíritu crítico y una gran frescura expresiva. En la generación inmediatamente siguiente, la presencia de Urano en Cáncer (aproximadamente de 1949 a 1955) ha dado una orientación más tradicionalista, una viva sensibilidad hacia los valores hedonistas, pero en el extremo opuesto también ha suscitado manifestaciones de fanatismo ideológico. La actual generación de *yuppies* de unos treinta a treinta y cinco años está caracterizada en cambio por la posición de Urano en Leo, que excita la voluntad de afirmación de forma orgullosa e individualista, atenta al prestigio social y formal.

Los nacidos de 1962 a 1968 están unidos por la presencia de Urano en el signo de Virgo: por lo tanto, una generación de técnicos eficiente y consciente, realista y bien organizada a la hora de escoger las formas y los tiempos de realización, sin demasiados idealismos.

Los jóvenes nacidos desde 1969 hasta 1974 se caracterizan por la posición de Urano en Libra; bajo un aspecto tranquilo y diplomático, esconden un extremado rigor; observadores atentos, juzgan con lucidez, pero intentando comprometer la armonía social y la propia serenidad.

La generación de jóvenes nacidos entre 1975 y 1981 se caracteriza por la situación de Urano en Escorpio, que proporciona a estos jóvenes un espíritu de afirmación original, creativa, combativa, acompañada de anticonvencionalismos, curiosidades experimentales por todo lo nuevo y dotados de una drástica capacidad de decisión.

104

Los niños nacidos entre 1982 y 1988 se caracterizan por la presencia de Urano en Sagitario: en ellos, la voluntad de afirmación tendrá que alimentarse con un ideal y estará dirigida a alcanzar valores morales seguros, que compensen la inquietud y el cambio de objetivos.

En los nacidos en los años 1989 y 1990, y también en los siguientes hasta 1995, Urano en Capricornio reforzará un real y desencantado sentido práctico, ambiciones atentas y cuidadosamente perseguidas con técnicas cada vez más perfeccionadas.

Los nacidos desde el 1995 hasta el año 2003 tendrán Urano en su signo, Acuario. Será una generación innovadora y con gran sentido de la anticipación e inventiva. Combinarán un alto sentido del individualismo con actitudes más altruistas y grupales.

Neptuno

Neptuno representa la inquietud que empuja hacia el cambio y la aventura, expresa las aspiraciones ideales o espirituales, el sentido y las sugestiones colectivas, inspira la capacidad de imaginar un mundo diverso y de plasmar las fantasías a través de la expresión artística y creativa. El tránsito de Neptuno en los signos influye por lo tanto en la evolución de las costumbres, en la forma de pensar, en las exigencias espirituales y en la disponibilidad hacia otras experiencias que permitan trascender la realidad: elementos que acercan las generaciones nacidas con una determinada posición zodiacal de Neptuno.

Al tránsito de Neptuno en Virgo, en los años que van desde 1929 hasta 1943, correspondieron de hecho costumbres bastante castigadas, una mentalidad prudente pero rígida que se ocupaba sobre todo de los valores del trabajo, del ahorro y del sacrificio; reducidas las aspiraciones de cambio; las aperturas hacia el futuro estaban dirigidas principalmente hacia los intereses en el campo técnico y científico.

Con el paso de Neptuno por el signo de Libra, en los años que van desde 1943 hasta 1956, se inició una fase de evolución moderada de las costumbres, la manifestación de una nueva sensibilidad en el campo social y también de los valores hedonistas; se nos concedía algo más, la mentalidad se hizo gradualmente más abierta aunque siempre rigurosa en el aspecto moral.

Fue el paso de Neptuno por Escorpio, entre los años 1956 y 1969, el que inauguró una revolución más radical de las costumbres, que se puso en marcha en esos años y que más tarde vivieron personalmente los nacidos con esta configuración; se abrió camino una cierta ausencia de recursos y una actitud de rebelión hacia reglas y convenciones que intentaban separarse drásticamente del pasado, a través de manifestaciones creativas pero también agresivas y en algunos casos incluso autodestructivas.

El paso de Neptuno por Sagitario, entre los años 1969 y 1984, ha llevado a una mentalidad con más prejuicios, más tradicional; los valores morales adquirieron de nuevo su importancia, en la renovada exigencia de serenidad y seguridad que los nacidos con esta posición de Neptuno han desarrollado mucho en su interior, dando vida a una generación de fuertes principios morales, de idealismos sabios y convencionales, pero también sensible a la llamada de la aventura.

El actual paso de Neptuno por el signo de Capricornio, desde el año 1985 hasta 1997, corresponde con un replanteamiento de la mentalidad social, con un impulso colectivo de menor idealismo; los planteamientos técnicos y prácticos regulan la forma de pensar y en el campo social se reafirma un moralismo rígido, acompañado de un cierto autoritarismo. Los nacidos con esta posición en Neptuno serán por lo tanto poco permeables a la sugestión de idealismos y utopías, dejándose convencer sólo por las pruebas concretas, de intereses y realidades concretas.

Desde 1997 hasta febrero de 2012, Neptuno transitará en Acuario, dando una generación contrapuesta a la anterior, más permeable a los idealismos y utopías, personales y colectivas, pero teniendo en cuenta muchos atenuantes teóricos como para que se dé una continuidad sin sufrir decepciones. En el aspecto negativo puede traer cierto desajuste social o una excesiva entrega a la novedad y a la evasión.

Plutón

Plutón representa las fuerzas vitales, los impulsos creativos y evolutivos que nos llevan a desarrollar las potencialidades latentes, pero que pueden pasar a través de una fase destructiva; nos lleva a la raíz de los problemas e influye sobre los objetivos y las decisiones finales, poniendo en evidencia las necesidades de transformación más radicales.

En el primer tercio de nuestro siglo, exactamente en los años que van desde 1913 hasta 1938, el tránsito de Plutón por el signo de Cáncer marcó una época de conservadurismo, en el que los recursos se dirigían a la defensa, al mantenimiento de la seguridad y la tradición, mientras la creatividad se orientaba en sentido hedonista. La generación nacida en este periodo está unida por un fuerte lazo con el pasado, por un tradicionalismo sentimental. Desde 1938 hasta 1957, el paso de Plutón por Leo provocó en cambio manifestaciones evidentes de la voluntad de poder, del individualismo, de la vitalidad enérgica y autoritaria, decididamente eufórica incluso en sentido destructivo; los nacidos en este periodo se caracterizan por la audacia, la seguridad en sí mismo y una aversión hacia las obligaciones y las reglas.

El paso de Plutón por el signo de Virgo, desde 1957 hasta 1971, se corresponde con una orientación más cauta, más atenta a disciplinar las energías, a afinar los recursos técnicos y productivos, en una óptica de reflexión más dirigida hacia la conservación que a la evolución; la generación nacida con esta posición en Plutón se ha interesado, poco dispuesta a arriesgar, por el medio ambiente y la ecología.

Desde 1971 hasta 1984, el paso de Plutón por Libra ha marcado una fase de revisión, de análisis crítico respecto al pasado, en vistas a una futura evolución social. Plutón influye en la generación nacida en este periodo, limitando los impulsos individualistas e inclinando hacia el interés social, a la búsqueda de la justicia y de la verdad con un rigor irreductible.

Desde 1984, Plutón está en tránsito por Escorpio, signo en el que ha estado hasta 1995: en este tránsito el planeta expresa al máximo su fuerza, provocando alteraciones y tensiones, ideas y descubrimientos nuevos, pero también destacando los problemas existentes. La generación nacida bajo esta influencia está particularmente determinada en sus metas, decidida a renovar, agresiva al afirmar las necesidades de cambio, que asume el carácter de lucha por la supervivencia.

Finalmente los nacidos entre 1996 y 2008 tendrán a Plutón en Sagitario. Serán por naturaleza de espíritu libre, justiciero y muy exigentes con lo que consideran que es su derecho, queriendo ver hechos realidad, a corto plazo, sus deseos. Será una generación que vivirá condicionada por los efectos de la mundialización y por los regionalismos, con todas las ventajas e inconvenientes orientados a todas las preguntas clave: cómo vivir la vida, entender los valores y la fraternidad.

La astrología mundial

Obtener previsiones mundiales a partir de la observación de los tránsitos astrales en los signos y de los aspectos que los planetas forman entre ellos, es una tarea delicada y compleja, y sobre todo, es difícil transferir a un lugar preciso de nuestro planeta Tierra las señales que se pueden leer en el cielo, y prever determinados acontecimientos históricos o políticos, a pesar de que hay personas que desafían a los astrólogos para que lo hagan. De todos modos, es innegable que la disposición de los astros influye no sólo sobre las personas, sino sobre el conjunto de personas, que forman la sociedad, organizada en naciones y estados; como ya hemos visto, influye en las generaciones, en la mentalidad, en las costumbres, y también en el desarrollo histórico y en las tendencias que luego desencadenan los acontecimientos.

El periodo actual está caracterizado por una acumulación de planetas en el signo de Capricornio: Neptuno, Urano y Saturno (este último, que ha transitado en el signo desde finales de 1988 hasta principios de 1995, no ha sido examinado en las páginas anteriores pero tiene de todos modos un papel fundamental en el análisis global). Esta concentración astral en un signo como Capricornio marca muy bien el ambiente de estos años difíciles, en el que parece que se vuelven insostenibles los idealismos y las utopías, y se impone una visión más fría de la realidad, para una sociedad ordenada, eficiente y organizada, que quiere protegerse y conservarse, aunque en el fondo es más sensible a los valores materiales que a los problemas humanitarios; una época de desarrollo y realización práctica, pero que vivió una devaluación de la esfera del sentimiento y de la creatividad pura.

Aspectos astrales de gran importancia se han desarrollado en estos años y marcan los grandes acontecimientos de nuestra época, que se incluyen en esta tendencia de reestructuración global. La simultánea presencia de Plutón en Escorpio es el índice apuntando sobre los problemas de contaminación y degradación ambiental: Escorpio gobierna los procesos de transformación de la energía y de eliminación de los desechos y, por lo tanto, está estrechamente relacionado con el dramático resurgir de estos problemas. Hasta el año 1995, año en que Plutón pasa a Sagitario, los problemas de orden energético y ambiental se habían seguido acentuando y se habían agudizado con Plutón ya en este otro signo, haciéndose más internacionales; lo mismo ocurría con los problemas derivados de migraciones, cuestiones raciales y religiosas, diplomacia y jurisprudencia.

Entre 1996 y 1999, primero Urano y luego Neptuno ingresan en Acuario, y así se inaugura un cambio: se da un impulso más decidido al desarrollo científico y tecnológico, pero también surge un renovado fervor ideológico y una sensibilidad más difundida hacia valores de humanidad y solidaridad, que se fortalecerán con Urano en Piscis, desde 2003 hasta 2009, aunque desde criterios diferentes, que prometen grandes arreglos o mayor confusión en las políticas a seguir. Esta posición traerá una revolución en la medicina y en las ayudas a damnificados.

No podemos examinar con detalle todas estas configuraciones astrales tan significativas en esta obra, pero sí podemos decir que están siendo decisivas y que involucran a casi todo el mundo.

Tercera parte

LA INTERPRETACIÓN DE LA FICHA ASTROLÓGICA PERSONAL

por *Helene Kinauer Saltarini*

Las páginas siguientes dan la posibilidad de profundizar en el conocimiento del propio tema natal: basándonos en los cálculos efectuados anteriormente se sugiere el significado del ascendente y la influencia de la Luna. Se analiza también la influencia de Júpiter y Saturno.

Si es Libra con ascendente...

Libra con ascendente Aries

Esta combinación astrológica es muy positiva puesto que el carácter impetuoso y fogoso del Aries pasa por el filtro reequilibrante del signo. La armonía, la delicadeza de sentimientos y la diplomacia influyen de forma muy positiva en la impulsividad acentuada del ascendente. El resultado de la fusión de estos dos signos, de los que los planetas dominantes son Venus y Marte, otorga un temperamento alegre, emprendedor, pero al mismo tiempo moderado; incluso los elementos Aire y Fuego son una buena mezcla cósmica. En la juventud, la vida afectiva puede ser bastante movida y luego estos nativos sabrán dar al amor una giro decisivo.

Libra con ascendente Tauro

Estos dos signos, ambos dominados por Venus, hacen que el nativo sea muy afectuoso, casi siempre de buena presencia física, sociable e interesado en todo lo que es nuevo, sobre todo en al campo artístico y mundano. A estos nativos les gusta participar vivamente en la vida cultural puesto que necesitan poderse expresar a través del prójimo. Los elementos de estos dos signos son contrapuestos, el Aire de hecho se aleja de la Tierra, por lo que a veces los sujetos son materialistas y a veces muy espirituales; estos cambios repentinos podrán desorientar a los que viven a su lado. En la vida afectiva saben dar mucho amor. Profundos sentimientos consiguen dar siempre a su amor un toque mágico. Sólo tienen que encontrar un constante equilibrio entre los valores materiales y espirituales.

Libra con ascendente Géminis

Se trata de una combinación realmente armoniosa. Los que la poseen están guiados por el elemento Aire y por Venus y Mercurio. Tienen una mente viva, móvil, su sensibilidad está alimentada por el intelecto lúcido del ascendente. Corazón y mente se funden, por lo que no se podría pretender más. La vida ofrece considerables posibilidades, tanto en el campo sentimental como en el profesional. Dependerá en gran parte de los interesados el saberlas aprovechar. Todos los encuentran atractivos y simpáticos porque son anticonformistas y comprensivos hacia todas las debilidades humanas. No son muy fieles y esperan una aventura en cada esquina. Por lo tanto, es conveniente no casarse demasiado joven. Por lo que se refiere al dinero, a veces estiran más el brazo que la manga.

Libra con ascendente Cáncer

El ascendente hace que el signo sea más sensible e indeciso de lo que ya lo es por naturaleza, por ello se necesita a una pareja de carácter fuerte, optimista, que equilibre el temperamento romántico. Los elementos Aire y Agua no están de acuerdo, pero los planetas dominantes (Venus y Luna) sirven de ayuda. Estos dos signos son además cardinales por lo que, a pesar de la aparente debilidad, cuando se plantean serios problemas, se dispondrá todavía de la capacidad de reaccionar y demostrar voluntad y carácter luchador. Los nacidos con esta combinación saben comprender las situaciones, adaptándose si es necesario a los acontecimientos y extraer lo mejor de cada uno de ellos. Un poco gandules, necesitan un empujón externo y emotividad para ponerse en acción. La familia y los parientes juegan un papel esencial en su vida. La casa es un refugio contra las adversidades de la vida cotidiana.

Libra con ascendente Leo

Esta es la típica combinación de los que tienden a una vida brillante, intensa, de éxito, para los que el amor viene en segundo lugar hasta que no alcanzan las propias metas. Los elementos Aire y Fuego están en armonía y también los planetas dominantes Sol y Venus garantizan varias fortunas; Venus está considerado de hecho la pequeña fortuna. El Sol dará una personalidad fuerte, un poco egocéntrica, pero con la diplomacia típica del signo se evitará el peligro de sentirse como un pequeño potentado. El ascenso está asegurado puesto que saben crearse amistades influyentes que les serán útiles en las diversas circunstancias de la vida. En la juventud, casi nunca piensan en unirse seriamente, pero si luego contraen matrimonio, será muy meditado y con la pareja se establecerá un profundo y duradero entendimiento.

Libra con ascendente Virgo

Las influencias astrales crean fácilmente problemas e incertidumbres interiores. El ascendente es por excelencia el signo de las crisis: si añadimos a eso la inseguridad del Libra, la situación podría hacerse crítica. En cualquier caso la meticulosidad, la precisión y el argumento de Virgo podrán ayudar en las elecciones que son siempre un problema para el Libra. Los elementos tienen distintas dinámicas: Aire y Tierra no saben mezclarse, uno es ligero y el otro pesado. Uniendo la naturaleza lógica y clara del Virgo con la sensibilidad del signo, si la mente y los sentimientos se convierten en un conjunto armonioso, estos nativos podrán tener muchas satisfacciones en la vida.

Libra con ascendente Libra

En esta combinación las cualidades están duplicadas; se trata de un tipo astrológico puro porque tanto el Sol de nacimiento como el ascendente se encuentran en el mismo signo: por lo tanto todo Aire y todo Venus. Los nativos de tan afortunada combinación están dotados de un encanto considerable, saben dar importancia a todos los matices de cada pequeña cosa, a todo lo que los demás no ven y ni siquiera sienten. Encuentran en cada cosa y en cada persona primero los lados positivos, y para los negativos buscan siempre palabras de defensa. Saben alejar todo lo que es feo y desentona y sus antenas captan desde lejos cualquier desarmonía. Si desarrollan una actividad relacionada con la belleza y con el contacto humano, tendrán éxito. Las relaciones afectivas se afianzan en la segunda mitad de la vida.

Libra con ascendente Escorpio

El ascendente crea varios contrastes con el signo de Libra y los elementos Aire y Agua no se compenetran. Los planetas son como las parejas que viven una relación de amor-odio: Marte y Venus se expresan de forma diversa. La vida afectiva resulta muy atormentada puesto que Marte empuja a la pasionalidad, a la atracción física, a la violencia, mientras Venus empuja al amor dulce y sencillo. La persona que tiene una combinación como esta acostumbra a escoger a una pareja no adecuada para sí, pero después de las primeras desilusiones, consigue comprender y unir la violencia de Marte con la sensibilidad de Venus y vive de esta forma un amor maravilloso. El encuentro de esta dos fuerzas podrá empujar a la realización de altas aspiraciones.

Libra con ascendente Sagitario

Aquí el cielo ofrece la posibilidad de un intercambio favorable entre el mundo del pensamiento y el de las acciones. Los elementos se enriquecen recíprocamente. El Aire del signo de Libra alimenta el Fuego. Los planetas son Venus y Júpiter, ambos amigos de los hombres. El ascendente da fe justa, aspiraciones filosóficas a las que el Libra no es reacio. A los nativos de esta combinación les gustan las cosas buenas de la vida y saben dar a todo el justo valor, pero no desdeñan los valores espirituales. Escogen como amigos a personas que sean amantes, como ellos, de la belleza y con los cuales puedan mantener diálogos filosóficos y de arte.

El amor es muy importante: es fácil una unión con un tipo cordial, que tenga el sentido de la justicia y del deber.

Libra con ascendente Capricornio

Al ser ambos signos cardinales, con esta combinación se posee un carácter fuerte, ambicioso y, si toma la delantera el ascendente, bastante frío y distanciado; si en cambio predomina el signo, el carácter será extremadamente cordial y afectuoso. Tanto los planetas Venus y Saturno, como los elementos Aire y Tierra no encuentran un punto de unión justo entre ellos, por eso el humor está sometido a menudo a altibajos. Los que tienen una combinación de este tipo pueden decir, con las palabras de Goethe: «¡Dios mío! Dos almas se alojan en mi pecho». El signo se hace fuerte al lado de Capricornio que a su vez se vuelve más comprensivo y dócil. La fusión correcta entre las características de estos dos signos podrá hacer que los nativos estén muy capacitados, equilibrados y que tengan éxito en la vida privada y en la profesional.

Libra con ascendente Acuario

Si se pertenece a esta combinación astrológica, la vida será muy interesante y estará repleta de sucesos variados. En este Libra, existe un continuo fermento de ideas, de aspiraciones; lo guía sobre todo la mente porque lo domina el elemento Aire. Los planetas Saturno y Urano aportan prudencia y sabiduría, unidas al deseo de la novedad. Los nativos tienen un carácter abierto, intelectual y, cuando apuntan hacia una meta, se aplican de lleno, sin ahorrar energías. Su entusiasmo es irresistible y encuentran fácilmente amigos y conocidos que mantienen sus intereses. Una carta ganadora para ellos es la adaptabilidad a cualquier situación, pero nada puede alejarlos del camino emprendido.

Libra con ascendente Piscis

Se trata de un Libra muy sensible, lleno de sentimientos porque tanto el signo como el ascendente están guiados precisamente por ellos. Los elementos Aire y Agua se expresan de forma diversa, pero los planetas Venus y Júpiter abren muchos caminos. Júpiter los hace más jóvenes, simpáticos y quizás algo vagos. El trabajo les da satisfacciones sólo si congenia con el talante y si va acompañado de colaboradores o colegas que ayuden. La excesiva sensibilidad impide aprovechar muchas ocasiones, sobre todo cuando el Libra teme perjudicar a alguien; por ello es necesario que tenga al lado a una pareja decidida, que muestre un sano egoísmo, sin el que se llega siempre en segundo lugar e incluso en tercer lugar. Quien posee una combinación tal es amante de los viajes, el deporte y una casa acogedora, quizá con muchos hijos puesto que teme a la soledad.

Si es Libra con la Luna en...

Libra con la Luna en Aries

La Luna en Aries hace que los nativos de Libra sean activos, deportistas, emprendedores, presos de una gran impulsividad y muy atraídos por el sexo. Por suerte, el signo suaviza mucho el carácter violento que deriva de la posición lunar. El Sol y la Luna son factores esenciales en un horóscopo: el Sol determina la personalidad, el aspecto exterior, mientras que la Luna determina el aspecto interior además de simbolizar la sensibilidad, la feminidad. En Aries, la Luna tiene una menor influencia, por lo tanto el sujeto actúa la mayoría de las veces según la influencia de Marte. Posee sin embargo un buen corazón y es generoso y aventurero. Necesita afirmación en todos los sentidos.

Libra con la Luna en Tauro

El planeta dominante está en gran sintonía con el signo y la Luna en posición de extrema positividad, por ello esta combinación Venus-Luna resulta muy favorable. Es típica de personas de buena presencia física, que desarman a todos con una sonrisa; sensuales de forma impetuosa, ganan en todos los frentes. La Luna en Tauro favorece una alegría de vivir sana que es de gran ayuda para el signo, quizás indeciso sobre lo que se tiene que hacer. A pesar de la sensibilidad y los sueños, la realidad no se pierde nunca de vista y el Libra sabe construir sobre bases sólidas, al tiempo que está siempre disponible para dar consejos válidos a las personas que ama. Le gusta el canto y la música, las cosas antiguas, y es muy conservador. Cuida mucho su

117

persona y sabe subrayar las propias cualidades y ocultar los eventuales defectos.

Libra con la Luna en Géminis

Se trata de una buena fusión: los nativos son de carácter amable, muy fascinantes y cultos. La elegancia, el buen gusto y el desparpajo, unidos a la facilidad de expresión, les propician las amistades que no serán nunca banales. Existe el deseo, en un cierto sentido, de sobresalir, pero también de tener amistades importantes, que protejan y de las que tener algo que aprender; se trata de una situación típica de sujetos extremadamente curiosos, que no se cansan nunca de aprender. Atacan inmediatamente el meollo de la cuestión, y esto es un buen punto de partida para el éxito de sus empresas. No rechazan el dinero que les permite llevar la vida cómoda que tanto desean. Con estas premisas triunfarán en cualquiera de las profesiones que emprendan.

Libra con la Luna en Cáncer

La Luna en Cáncer es un aspecto disonante de Libra y hace la vida bastante difícil, un poco por destino, un poco por el carácter contrapuesto. Por un lado estos nativos quieren tener las riendas en la mano, por el otro buscan el apoyo de una pareja fuerte y decidida. Estos altibajo, este no saber qué hacer, le impiden satisfacer plenamente sus aspiraciones. El signo los hace ser muy sociables y estar deseosos de llevar una vida mundana, mientras la Luna los ata a los muros domésticos, lejos de la confusión de la gente: de esta forma se determina un contraste que crea sufrimiento. Sólo una pareja extremadamente sensible sabrá ayudarles a no excederse demasiado en los dos sentidos. Muy unidos a la familia, cuando se producen desavenencias, hacen cualquier cosa para superarlas.

Libra con la Luna en Leo

Llenos de vitalidad, estos Libra poseen una naturaleza simpática y saben hacerse querer, pero son muy orgullosos y se ofenden con muy poco. Para ellos, que son bastante vanidosos, la belleza es un factor importante; los cumplidos realzan su atractivo, mientras se sienten profundamente desilusionados si no les llegan o, incluso, si los demás tienen algo de qué reírse sobre ellos. Saben siempre lo que quieren y apuntan con mucha energía a la realización de sus metas. Su vida sentimental es intensa, saben hacer que su pareja sea muy feliz, pero si no se sienten totalmente saciados tienden a la infidelidad. Le gustan los viajes, el juego, los lados más bonitos de la vida y tienen miedo de la miseria; la sola idea los deprime terriblemente.

Libra con la Luna en Virgo

La Luna en Virgo aporta una mente aguda. Quien tiene esta combinación es un óptimo observador, preciso, paciente y esto provoca muchos éxitos. El signo dócil disminuye la tendencia a la crítica que podría bloquear la promoción y crear enemigos, sobre todo en el campo laboral. Se unen en estos nativos el encanto de los profundos sentimientos y una considerable inteligencia. Quizá les falte la fuerza de decisión necesaria para imponerse según las capacidades reales; en compensación tienen la capacidad de moverse con desenvoltura por todas partes y recoger la admiración ajena. Sus gustos refinados harán el resto. En amor, la conquista es fácil, pero lo es menos el hecho de lograr que las relaciones afectivas sean duraderas.

Libra con la Luna en Libra

La Luna en conjunción con el Sol de nacimiento combina perfectamente carácter y sentimientos. Este Libra se entusiasma enseguida por cualquier cosa que se le proponga, sin valorar previamente los pros y los contras, por ello corre el riesgo de caer en trampas que pueden bloquear su profesión o arruinar su posición económica. Si se dedica al arte, esto no sucederá puesto que, en tal caso, cuentan más los sentimientos y la sensibilidad que un razonamiento lógico. Le gusta todo lo que es bonito, lujoso y busca la comodidad en todas las ocasiones; no irá nunca a hoteles que no le aseguren la posibilidad de tener un baño sólo para él. En amor, sabe ser muy tierno, sensual y lleno de afectuosidad; por otro lado, la pareja pensará en el lado práctico de la vida.

Libra con la Luna en Escorpio

Extremadamente independientes y seguros de sí mismos, estos Libra no permiten que nadie intervenga en sus asuntos privados. Poseen opiniones sólidas y son capaces de apreciar en su justo valor a personas y situaciones. Les gusta el trabajo. Su mente está en continua ebullición; son inagotables; cuando acaban una cosa, ya ponen manos a la obra para realizar otro proyecto. En la profesión se colocan siempre en el lugar correcto. No soportan la monotonía, no hay nada peor para ellos. Las personas demasiado tranquilas y vagas no les gustan; necesitan tener amigos emprendedores, entusiastas, a los que les guste la vida en sí misma.

Su carácter impetuoso llega fácilmente a rupturas sentimentales puesto que a estos Libra les cuesta entrar en el corazón ajeno, pero cuando aman están dispuestos a cualquier sacrificio para hacer feliz a la persona amada.

Libra con la Luna en Sagitario

La Luna en el signo se encuentra en una posición astral excelente. La combinación los hace ser simpáticos, juveniles, desenvueltos y alegres. ¿Quién no busca a un compañero o a un amigo así? A estos nativos no les falta la justa dosis de ambición, de orgullo y de diplomacia para tener éxito en la profesión escogida. Su diplomacia, muy velada, sabe conciliar las partes; poseen todas las dotes necesarias para afirmarse en la vida, saben alternar bien los momentos de trabajo con los de descanso o de diversión. Les gusta la naturaleza, son deportistas, necesitan sobre todo disponer de un espacio libre propio, de relajar los nervios en un ambiente sereno y tranquilo. Quien los tiene como amigos es muy afortunado puesto que son leales, fieles y sinceros. Su defecto es la inestabilidad en amor. Vitales y pasionales, difícilmente se conforman con una única persona.

Libra con la Luna en Capricornio

En esta combinación astral juegan dos signos cardinales. Resultan de ellos tipos sensibles pero también irritables a los que no les faltan ni en el inconsciente ni en el comportamiento contradicciones que desconciertan a los demás. Oscilan entre bondad de ánimo y severidad, a veces disponibles, comprensivos, otras veces alejados de los problemas ajenos. La Luna en un signo de Tierra hace que sean prudentes y también calculadores. Esto contrasta con la diná-mica del signo. Po-seen sentido del deber y no es una casualidad que sacrifiquen muchas de sus ambiciones por el bien ajeno. Tenaces y dotados de gran voluntad, consiguen realizar antes o después sus propios proyectos. No les gustan las personas sosas, insignificantes; sus intereses están siempre dirigidos a cosas y personas no comunes. Escogen con cuidado de quién fiarse y esto les evita muchas desilusiones.

Libra con la Luna en Acuario

La Luna en Acuario les aporta un carácter inestable, una mente aguda, gran inteligencia, pero a estos sujetos les falta a menudo la paciencia para terminar las empresas; se detienen en los primeros obstáculos puesto que el elemento Aire, que domina tanto al signo como a Acuario, no aporta un carácter combativo. Son tipos capaces de realizar sabios juicios, les gusta el estudio a cualquier edad, pero a veces se pierden en la teoría y no ponen en marcha el propio saber. El sentido de la fraternidad universal está muy enraizado en ellos. Su mente abierta no se detiene nunca en la búsqueda de la verdad. Aman de forma impulsiva pero se cansan enseguida, sobre todo si la pareja no sabe proporcionar incentivo a la relación. Son demasiado sinceros, sus sentimientos no son un misterio y, por lo tanto, son amigos muy deseados.

Libra con la Luna en Piscis

Con esta combinación, el Libra es poco dinámico, tiene escasa fuerza para reaccionar y por eso es tan sensible, dispuesto a ayudar, a aceptar las situaciones tal como se presentan, con la convicción de que no se puede hacer nada para cambiarlas y se tiene que someter al destino. Posee considerables capacidades de las que raramente se da cuenta, es inseguro y tiene poca confianza en sí mismo. Gracias a su encanto particular, debido a la combinación astrológica, consigue que todo el mundo le quiera y encuentra siempre a alguien que actúe por él, que le proteja y que le apoye. Más que otra cosa teme a la soledad; si sufre desilusiones afectivas tiene que reaccionar, en caso contrario puede caer en graves agotamientos. Al lado de una pareja fuerte desarrollará todas las dotes latentes que enriquecerán la unión. Tiene que dar un sentido real a la propia vida y a menudo lo encuentra en la familia.

Si es Libra con Júpiter en...

Libra con Júpiter en Aries

Esta combinación es quizás una de las más sólidas: los dos signos son cardinales y forman personas fuertes, tanto física como psíquicamente, quizá demasiado racionales. Se trata de personas muy ambiciosas dotadas de mucho talento; en cualquier dirección en la que encamine sus miras conseguirán alcanzar el éxito deseado. Vitales, dinámicas, siempre comprometidas con mil actividades, necesitan un trabajo en el cual invertir todas sus energías. Se trata de líderes natos, simpáticos cuando quieren serlo, exigentes con los colaboradores o los empleados. Inestables en la vida afectiva, las desilusiones en amor no les faltarán, a menudo por su culpa. Cuando aman son muy generosos y pasionales.

Libra con Júpiter en Tauro

Los dos signos están dominados por el planeta Venus, y esta influencia se nota enseguida. Son refinados, saben dar siempre un toque mágico a su vestuario. Románticos, poseen una vena artística, pero no hasta el punto de desdeñar el dinero.

El Tauro corresponde por excelencia a las finanzas, por lo tanto este Libra hace de todo para alcanzar la independencia económica, le gusta gastar y no quiere tener que dar cuentas a los demás sobre cómo maneja su dinero. Afortunado en el conjunto, no sólo en el ámbito profesional, sino también en amor. Su belleza poco común tiene sólo el problema de la elección. A menos que no lo desee él mismo, no está nunca solo.

Libra con Júpiter en Géminis

Aquí se unen la dialéctica de Júpiter en Géminis y la sensibilidad de Venus; se trata de dos planetas positivos, amigos de los hombres, que amplían dones considerables. Los nativos son simpáticos, alegres, brillantes, de amplias miras, juveniles, emprendedores, quizás algo superficiales. Las cosas tristes los ponen nerviosos y por ello intentan huir de ellas lo máximo posible, pero cuando se trata de personas que aprecian, hacen de todo para ser útiles y se puede contar en ellos. Se unen casi siempre con una persona bien situada, no por puro cálculo, sino porque la pobreza les da miedo y necesitan sentirse con las espaldas protegidas. La vida para ellos es un juego, un escenario en el que se actúa durante poco tiempo y ellos no quieren hacer el papel de simple comparsa.

Libra con Júpiter en Cáncer

El que pertenece a esta combinación astral sitúa al amor en primer plano en todo lo que decide y hace. Venus y la Luna lo hacen ser hipersensible; aunque le gusta la vida cómoda, los sentimientos cuentan más para él debido a la influencia de Júpiter. Las personas que tienen esta combinación no se casan nunca por conveniencia; sabe construirse una armoniosa vida familiar y rodear a todos de un gran afecto. Quizás a veces es demasiado aprensivo y de este estado de ánimo sufrirán sobre todo los hijos, pero sabe siempre equilibrarse. Conservadores, amantes de las tradiciones, de los animales y de la naturaleza, en contacto con los jóvenes y con los niños, pueden obtener un buen éxito profesional. A su alrededor, gracias a la influencia de la Luna, existe siempre un halo de misterio que atrae mucho.

Libra con Júpiter en Leo

Júpiter en esta posición hace que Libra sea una persona segura de sí misma, que desea sobresalir en todo. Se comportan siempre como personas distinguidas, quizás algo exhibicionistas. Son ambiciosos, desean alcanzar posiciones de prestigio, pero sin tener que trabajar mucho. Les gusta disfrutar de la vida, probar suerte en el juego, aunque podría representar un peligro. Son excelentes oradores, consiguen siempre convencer a los demás para que acepten sus propias ideas, e incluso las favorezcan. Dominan en todas partes con éxito, es importante que conserven la presencia de ánimo, la generosidad, y que no caigan en la tentación de sentirse demasiado importantes, convirtiéndose de esta forma en pequeños déspotas. En la vida afectiva dejan corazones partidos a lo largo del camino, especialmente en la juventud.

Libra con Júpiter en Virgo

Por la influencia del signo, a este Libra le gustaría vivir y morir sólo por amor. Esta tendencia un poco exagerada se ve positivamente atenuada por Júpiter en un signo racional y lógico, que ayuda a mantener también los pies en el suelo y no sólo la cabeza en las nubes. Por lo tanto, todas las acciones serán más moderadas, expresivas, pero no mucho. Honestos, confiados, precisos, con mucho sentido del deber, por ello se les apreciará sobre todo en el ámbito profesional. Tienen muchas posibilidades si son artistas puesto que saben unir la técnica al ímpetu creativo. A veces tienden al pesimismo, sobre todo en los momentos en los que el amor los desilusiona. Las amistades juegan un papel esencial en su vida puesto que tienen la necesidad de confiarse y los amigos serán valiosos en los momentos de crisis.

Libra con Júpiter en Libra

Guiados por Venus y por Júpiter, estos son sujetos de maneras amables, a los que les gusta ser el centro de la atención y necesitan reconocimiento afectivo. A esta combinación astral pertenecen tipos muy atractivos, capaces de ponerse siempre en el punto de mira. Frecuentan a personas bien situadas y llevan una intensa vida social y cultural. No hay nada peor para ellos que un ambiente degradado; rechazan cualquier forma de vulgaridad y huyen de situaciones inarmónicas, sobre todo de las discusiones; al no poder actuar como conciliadores, dejan enseguida ese terreno minado. Aunque son amantes del dinero, prefieren ganar menos pero vivir en paz. El amor es el punto neurálgico para ellos que saben amar con tanta dulzura e intensidad.

Libra con Júpiter en Escorpio

Esta combinación hace que el nativo se sienta deseoso de afectos, pero también los hace ser pasionales y posesivos. La gran lógica de estos sujetos percibe enseguida cualquier defecto o cualquier carencia en el trabajo o de la persona amada. Tienen un innato sentido crítico que no pueden evitar aplicar. Esto no satisface a todos, especialmente si la pareja pertenece a un signo de agua: Cáncer, Escorpio o Piscis; se presentarán fácilmente momentos de crisis, pero la influencia del sabio Júpiter les ayudará a superarlos. Están también dotados de un formidable magnetismo que atrae a todo el mundo. No conocen las medias tintas: una persona o es simpática o es antipática. Aman profundamente o rechazan totalmente a cosas y personas. Exigen mucho de sí mismos pero también de los demás. Saben vivir cada momento de la vida con empuje y compromiso.

Libra con Júpiter en Sagitario

En este signo zodiacal, Júpiter encuentra su mejor colocación y genera sujetos abiertos, disponibles, respetuosos hacia el prójimo y que aprecian mucho su propia dignidad. Consiguen dar lo mejor de sí mismos y afrontar todas las adversidades de la vida con fuerza de ánimo y serenidad puesto que poseen también una fe justa y no dogmática. Consideran que todos los seres son sus hermanos y pertenecen a esa rara categoría de personas que se alegran con los éxitos y la fortuna ajenos. A veces son incluso ingenuos, con una simplicidad que penetra en todos los corazones. Júpiter les ofrece casi siempre una vida llena de satisfacciones, tanto en el campo profesional como en el privado. Aprecian los placeres, las diversiones, los viajes y la buena mesa que podrá ser perjudicial si exageran.

Libra con Júpiter en Capricornio

Júpiter, en un signo tan racional como Capricornio, da a estos sujetos la racionalidad que les falta a los nativos de Libra. Son óptimos observadores a los que no les falta la intuición. Alcanzarán siempre sus metas, aunque a veces deberán esperar a la madurez. Su vida social y profesional se afirma cada vez más con el paso del tiempo. Temen a la pobreza, quizá porque tienen que abrirse camino por sí mismos en la jungla de la vida trabajando duramente. Pero el trabajo les gusta mucho puesto que son también ambiciosos y generosos con las personas queridas, desconfiados en cambio con los que no conocen a fondo. Son introvertidos de carácter y se abandonan al amor gradualmente. La pareja tendrá que tener mucha paciencia hasta que se funda el hielo a su alrededor.

Libra con Júpiter en Acuario

Para sentirse cómodos y recopilar éxitos, estos sujetos necesitan tener libertad. Son intolerantes ante cualquier tipo de obligación. Sólo pudiéndose expresar sin el condicionamiento ajeno consiguen dar lo mejor de sí mismos. Su carácter es inquieto. No son amantes de la rutina de la vida cotidiana. Para ellos, cada día es una nueva aventura que los hace estar vivos y entusiastas. Optimistas y disponibles hacia todo lo nuevo, para todos aquellos que buscan calor y consejos de ellos, son amigos maravillosos. Viven con facilidad una vida desordenada. No conocen en absoluto el valor del dinero: tal como lo ganan lo gastan. Duermen cuando quieren, no importa si de noche o de día y de la misma manera se alimentan.

Libra con Júpiter en Piscis

Júpiter situado en Piscis ejerce una enorme influencia haciendo que estos nativos sean expansivos, amantes del placer, sentimentales y, sobre todo, sensuales. Fascinantes y atractivos, pueden serlo todavía más cuando se encuentran cercanos al mar, que es el elemento de los Piscis y que quien posee esta combinación ama tanto. Para sacar a la luz los múltiples talentos que duermen en su interior, tienen que estar rodeados de mucho afecto puesto que si no se sienten amados cambian de humor y de su temperamento expansivo queda muy poco. Se sienten traicionados enseguida por los astros, pero por suerte Júpiter lleva siempre la delantera y los momentos de crisis no duran mucho tiempo. Es suficiente con una cálida sonrisa y una invitación importante y vuelven a apreciar la vida.

Si es Libra con Saturno en...

Libra con Saturno en Aries

Saturno en Aries mitiga el temperamento del signo haciendo que estos sujetos sean más prudentes, dándoles un gran sentido del deber y una ambición que saben enmascarar muy bien. Son impacientes y por ello quieren conseguirlo todo enseguida. Están muy atentos a lo que sucede a su alrededor y siempre dispuestos a encaminarse hacia nuevas metas. Es importante para ellos tener libertad de acción y poder llevar una vida variada. No soportan en ningún caso un trabajo monótono o una pareja cerrada que no sepa vivificar siempre la relación. La influencia sentimental del signo está en contraste con el racional Saturno. Quizá por ello son bruscos en los contactos con los demás, pero tan sinceros y leales que todos los aprecian.

Libra con Saturno en Tauro

Saturno en esta posición subraya decididamente la importancia del dinero, por ello nos encontramos con tipos incluso demasiado ahorradores. Desean mucho que se les ame, pero son muy reacios a admitirlo. Cuando aman hacen cualquier cosa para proteger a la persona amada, más con los hechos que con las palabras. Esto podría crear serios problemas si están relacionados con una persona que quiere ser consolada. De modo que tendrán que esforzarse para ser más afectuosos. Para conocerlos y apreciarlos realmente es necesario frecuentarlos largo tiempo, puesto que su actitud distanciada no permite reconocer enseguida sus méritos. Les gusta trabajar duro, obtener todo por sus propios méritos y capacidades. No aceptarían nunca arriesgarse en negocios inseguros. Dotados de una fuerte voluntad, consiguen superar siempre las dificultades.

Libra con Saturno en Géminis

Estos sujetos están caracterizados por una destacada inteligencia y profundidad de ánimo. Consiguen encontrarse siempre en el lugar correcto y en el momento oportuno, y adaptarse a las situaciones. Cuando es el momento de hacer broma, tienen siempre preparados los mejores chistes, un poco irónicos, pero cuando es momento de trabajar, siempre que el juego valga la pena, están dispuestos a sacrificar las diversiones e incluso el sueño para alcanzar sus metas. Deseosos de aprender, buscan las propias amistades entre las personas que saben más que ellos y, como óptimos observadores, aprenden mucho incluso en silencio. Pueden tener relaciones difíciles con los parientes, particularmente con un padre poco afín. Son deportistas y les gustan mucho las alabanzas.

Libra con Saturno en Cáncer

De tal combinación se puede decir que caracteriza a personas que valoran, por encima de todo, amor, familia e hijos. A menudo indecisos y temerosos de problemas imprevistos, se sienten seguros sólo en el seno de su familia o al lado de la persona amada. Para ellos, desde muy jóvenes, lo primero es el amor y luego el trabajo. Pero si están desilusionados afectivamente, el trabajo se convierte sólo en un peso que los hace estar más tristes y melancólicos. Casi siempre se casan muy jóvenes, de forma que la afectividad innata encuentre enseguida su meta. No les gusta tener grandes responsabilidades profesionales, mientras que en amor son capaces de renunciar a muchas cosas por el bien ajeno. Poco racionales, no les gusta escuchar los consejos de personas muy lógicas, sólo los de quienes les hablan con el corazón.

Libra con Saturno en Leo

La persona que quiere conquistarles no lo tiene fácil porque son muy ambiciosos y orgullosos y centran todos sus esfuerzos en el éxito profesional. Por lo tanto, no quieren que los sentimentalismos les des-víen de sus propósitos. Esto no significa que no sepan amar, al contrario, son pasionales y muy expresivos, pero aman con ardor hasta cuando dura. No quieren, sobre todo en la juventud, tener impedimentos, como se suele decir, que les pongan palos en las ruedas. Son óptimos organizadores y líderes en cualquiera de los campos que hayan escogido.

De carácter fuerte, voluble, seguros de sí mismos, no es fácil caminar a su lado porque no dejan espacio a los demás. En cambio, las personas que saben cogerlos por el lado bueno, encuentran en ellos a un amigo o pareja excepcional.

Libra con Saturno en Virgo

Son amantes de la tradición, poco interesados en la vida mundana, serios, fieles y controlados. No son expansivos en los afectos y temen siempre que los traicionen. Esta combinación astrológica no es muy favorable para el amor pero sí lo es para su actividad. Tienen sentimientos profundos, precisos hasta la meticulosidad, allí donde trabajan se les aprecia y sin problemas les confían tareas importantes. No son muy calurosas las relaciones con los colegas que los consideran demasiado arribistas y poco interesados en el prójimo. En realidad, quien confía en ellos puede contar con su reserva y ayuda. Muchos de ellos se plantean a menudo preguntas existenciales, aman la soledad y la reflexión.

No consiguen comprender a las personas superficiales y las diversiones frívolas.

Libra con Saturno en Libra

Esta combinación es muy favorable puesto que ayuda a valorar bien los pros y contras antes de tomar decisiones importantes. Estos sujetos están dotados de una considerable capacidad de autoadministración. Incluso en los afectos es muy difícil que pierdan totalmente la cabeza por alguien, en ellos queda siempre un reflejo de racionalidad. Todo esto es muy positivo en los diversos aspectos de la vida. Pero estaría bien que escucharan un poco a su dulce Venus para no ser demasiado prudentes e intransigentes.

Más severos con los demás que consigo mismos, su vida es una continua búsqueda de equilibrio, del que tienen una íntima necesidad. Sobre todo en la juventud, se suelen ver asaltados por diversos problemas.

Libra con Saturno en Escorpio

Saturno en Escorpio hace que estos sujetos sean introvertidos, absolutistas, dotados de una gran racionalidad, capaces de hacer grandes sacrificios: poseen realmente una personalidad poco común. En general dirigen preferentemente sus metas hacia el mundo social y los intereses ocultos. Entre ellos se pueden encontrar los llamados guías espirituales. En esta búsqueda reciben la ayuda de una fuerte intuición, que en ellos se nota ya desde pequeños: parece que sepan leer en el alma ajena y no es una casualidad que pongan en una situación violenta a los demás con su profunda mirada. Son básicamente introvertidos, pero también muy ambiciosos, consiguen destacar enseguida entre la masa. El sexo juega un papel importante en su vida afectiva pero, puesto que son muy celosos, consideran a la pareja de su exclusiva propiedad.

Libra con Saturno en Sagitario

Saturno en Sagitario aporta dones excelentes, empujando hacia lo espiritual, inclinando al estudio y a la investigación. Estos Libra están fascinados por los países lejanos, adoran viajar y conocer lugares y sistemas de vida nuevos, experiencias que amplían el horizonte y permiten realizar contactos humanos un poco por todas partes. Saturno se encuentra en una posición muy positiva por ello encontrarán siempre a alguien que les eche una mano en las dificultades. Su actitud tolerante y comprensiva sabe conquistarse muchas amistades y en línea general son también afortunados en amor. Tienen una meta abierta, amor y respeto por todo y por todos. Comprenden las leyes cósmicas y, con la ayuda de su innata sabiduría se les abren muchos caminos.

Libra con Saturno en Capricornio

En Capricornio el planeta se encuentra en su propia casa y manifiesta, por lo tanto, la mejor parte de estos sujetos: espíritu de concentración, paciencia, sentido práctico, honestidad. Estos Libra poseen muchas virtudes que no son fáciles de encontrar porque son reacios a abrirse a cualquiera. Son tan introvertidos que se dirigen a los compañeros de trabajo tratándoles de *usted* incluso después de haber pasado muchos años juntos. El simple tratamiento del *tú* es ya una confianza para ellos, pero si aceptan una amistad, durará probablemente para toda la vida. Tienen un destacado sentido del deber y bastante espíritu de renuncia si quieren prosperar. Son realmente inteligentes, actúan siempre con lógica. Parece que las cuestiones del corazón no les interesen para nada, mientras en realidad languidecen por el deseo de afecto. Son ellos quienes tienen que ayudar a los demás para que los entiendan mejor.

Libra con Saturno en Acuario

En esta posición, Saturno no es realmente un índice de acatamiento o de sumisión. Estos sujetos quieren plena libertad en todas sus asuntos, ya se trate de la profesión o de la vida privada. Nadie consigue aprisionarlos en un esquema fijo. Son anticonformistas, están abiertos a todo lo moderno y lo nuevo. Tienen la cabeza siempre llena de ideas, desgraciadamente no todas son realizables. En el campo afectivo, curiosos de conocer a tipos diferentes, no desean ataduras serias: una buena aventura, vivida con sinceridad y pasión, les enriquece más. Tienen problemas para encontrar un ritmo de vida adecuado durante su juventud. Al ser muy versátiles, tienen el problema de la elección profesional. Con el tiempo tomarán buenas decisiones.

Libra con Saturno en Piscis

Los nacidos con esta configuración astral poseen una mirada profunda, seductora. La persona que entra en contacto con ellos se siente enseguida atraída: el buen gusto, el deseo de hacerse notar los impulsa a cuidar mucho su aspecto exterior. De temperamento variable, en algunos momentos trabajan más allá del límite de sus fuerzas, en otros se muestran perezosos e inconstantes: notan mucho las fases lunares. A menudo piensan que el destino les ha traicionado y se lamentan de su mala suerte, sin darse cuenta de que, si las cosas han ido así y no de otra manera, es precisamente porque lo han querido ellos. Si encuentran la autorrealización en el amor, se sienten protegidos y amados y conquistan un maravilloso equilibrio y armonía in-terior.

Cuarta parte

LAS PREVISIONES PARA LIBRA

Las vibraciones anuales, mensuales y diarias

Se trata de nueve energías numéricas en rotación que nos servirán como complemento a las previsiones astrológicas. Basadas en el calendario, van actuando sucesivamente sobre los signos, condicionando la forma en que se expresan.

Por el tiempo que permanece un número sobre nuestro signo, debemos esperar que se manifieste tanto en lo externo como en lo interno, aunque luego dependerá de cada uno el tipo de respuesta que dé. Las vibraciones son buenas asesoras. Tenerlas en cuenta nos puede proporcionar amparo y ayudar a resolver situaciones o tiempos astrales negativos.

Cuando nuestros tiempos mejoran, desatenderlas o contradecirlas nos expone a ver asomar sus aspectos negativos, malogrando nuestras posibilidades de éxito. Al estar siempre bajo tres vibraciones, debemos tener en cuenta que las vibraciones mensuales se supeditan a la anual y las diarias a las mensuales. La vibración mensual tiene una incidencia preferente con la casa de nuestro horóscopo vigente dicho mes.

Para pormenorizar más la vibración diaria, podemos ver por dónde va la luna ese día.

Por su relación con el calendario, es importante también tener en cuenta lo siguiente:

— desde octubre, comienzan a asomar indicios de la vibración anual siguiente;
— desde el día 27 de cada mes, se da un espacio de influencias mixtas hasta el mes siguiente;
— a partir de las 22 h ocurre lo mismo, generalmente más en los procesos internos.

Cómo hallar la vibración anual, mensual y diaria para cada signo del zodiaco

Signo	Vibración anual		Signo	Vibración anual	
	2017	**2018**		**2017**	**2018**
Aries	1	2	Libra	7	8
Tauro	2	3	Escorpio	8	9
Géminis	3	4	Sagitario	9	1
Cáncer	4	5	Capricornio	1	2
Leo	5	6	Acuario	2	3
Virgo	6	7	Piscis	3	4

TABLA 2

Enero	1	Mayo	5	Septiembre	9
Febrero	2	Junio	6	Octubre	1
Marzo	3	Julio	7	Noviembre	2
Abril	4	Agosto	8	Diciembre	3

Para hallar la vibración mensual de cualquiera de los 12 signos se ha de sumar el número de la tabla 1 al número correspondiente al mes que interesa, según la tabla 2.

Ejemplo para Tauro en el mes de mayo del año 2017: 2 (vibración anual 2017) + 5 (mayo) = 7 *vibración mensual.*

Para hallar la vibración diaria para cualquier día del mes, se ha de sumar el número de la vibración mensual con el número del día que se quiera saber. Retomando el ejemplo, para el 22 de mayo: 7 (vibración mensual mayo 2017) + 4 (22: 2 + 2) = 11 (1 + 1) = 2 *vibración diaria.*

Resumiendo: todos los Tauro de cualquier año, el 22 de mayo de 2017 estarán bajo una vibración anual 2, mensual 7 y diaria 2.

Las vibraciones anuales

• **Vibración anual 1:** Dinámica e innovadora, la fuerza del 1 estimulará pero exigiendo a cambio mucho a los nativos de los signos bajo su mensaje; cooperará con una profunda transformación personal, llevada a cabo de forma abrupta o paulatina, pero que conducirá siempre a tomar grandes decisiones. En febrero y noviembre pueden verse finalmente algunos asuntos favorables. Octubre sugiere no descuidar contactos de importancia o que puedan llegar a serlo.

• **Vibración anual 2:** Es el número de la pareja, y puede dar oportunidades a los solitarios o a los que pretendan dar más cabida a otros en su vida. Marzo promete una visión diferente de la emotividad. Enero, febrero, octubre y noviembre serán muy exigentes en el plano familiar. Diciembre será un mes muy activo socialmente.

• **Vibración anual 3:** Traerá exigencias del propio mundo social. Excelente para buscar precedentes y referenciales que ayuden a realizar las labores, en especial las creativas y los estudios. Es una vibración positiva y jovial, pero expone a emprender muchas cosas a la vez y también a altibajos, incluso afectivos. Desde febrero, la vibración se notará más y exigirá adoptar una política acorde. En junio, situaciones cambiantes traen otra tanda de intereses. Hacia el mes de octubre, algo que hasta ahora había interesado dejará de ser interesante.

• **Vibración anual 4:** Con paciencia, se podrá adelantar mucho con esta vibración que estimula el deseo de mejora en el trabajo y su contrapartida material. El 4 es propicio para buscar la felicidad en las cosas pequeñas de la vida. Marzo, abril y diciembre son buenos meses para progresos en asuntos de hogar y de familia; junio favorecerá un buen flujo mental que ayudará a desbloquear situaciones estancas.

• **Vibración anual 5:** Es un año que nos sugerirá desarrollar otras habilidades, otros métodos, tentar nuevas vías de capacitación. Febrero y junio son meses marcados por las relaciones sociales, pero en los que se estará expuesto a sorpresas y alteraciones. Julio y agosto pueden presentar tensiones con lazos establecidos. Agosto puede ser un buen mes para trabajos de verano.

• **Vibración anual 6:** A los nativos del signo que reciba el 6 por un año les convendrá hacer un balance, al inicio del año y cada cierto tiempo, para acondicionarse mejor dentro del tipo de vida que llevan y establecer cuáles son sus aspiraciones y la forma en que las materializan. En los meses de febrero y marzo, por un lado, y noviembre y diciembre, por otro, puede haber un adelanto en la mejora de las condiciones existentes; junio traerá ideas para tomar decisiones internas más afinadas y de más calidad.

• **Vibración anual 7:** Durante el año, muchas circunstancias externas, cuando menos se piensa y de forma curiosa, vendrán para poner a prueba las seguridades y certezas internas. Hay que cuidar las interferencias. La espiritualidad, el autoanálisis, la especialización en algo o el reciclaje pueden poco a poco hacer la vida mejor. Hay posibilidades de que se cumplan anhelos recientes o antiguos. En los meses de enero y febrero puede haber expectación por asuntos relacionados con el hogar y con la familia. El último trimestre abre un periodo más determinante y de conducta más estable.

• **Vibración anual 8:** Es un año que, mediante un sentimiento de exigencia, estimula la ambición y el afán de conseguir metas concretas, para lo que habrá que regular la conducta acentuando tanto la eficiencia como la ética. Muchos procesos internos del pasado año encontrarán ahora un cauce más definido para la acción. Las personas que ejerzan una cierta autoridad resultarán de gran importancia. Los niños, bajo esta vibración, vivirán experiencias de adultos o serán más exigentes o controlados. Entre mayo y junio, las posibilidades de tener que tomar grandes decisiones serán muchas. Septiembre será un mes de tensiones y de preocupaciones por el futuro.

• **Vibración anual 9:** Una vez que hemos entrado ya en el nuevo milenio, la llamada del 9 a la superación y a crearse nuevas aspiraciones es muy importante. Exige repensarlo todo en grandes esquemas para, poco a poco, dejar atrás concepciones que ya no son válidas. Si se produjeran contrariedades, más que nunca deben ser vistas como lecciones. Muchos frutos de estos procesos se verán después. Es probable que se produzcan alejamientos y extravíos o también efectos dominó, tanto positivos como negativos. En el periodo de cuarenta días antes del cumpleaños, la incidencia puede hacerse notar más. Marzo y abril requerirán que se esté atento a varios frentes.

Las vibraciones mensuales

• **Vibración mensual 1:** En este mes, los demás se fijarán más en nosotros que habitualmente, y es posible que nuevas gentes y nuevas ideas se crucen en nuestro camino. También podemos promocionarnos exponiendo lo que tenemos que ofrecer y siendo nosotros quienes vayamos en busca de apoyos y asesoramientos.

En el aspecto negativo, habrá riesgo de intromisiones o exposición a situaciones que obligan a reaccionar rápido o a sacar el genio.

• **Vibración mensual 2:** En este mes, por el contrario, se nos pedirá más y tendremos que cooperar con los intereses de los que nos rodean. Nos conviene demostrar sensibilidad y tacto para no dar lugar a diferencias. Hay posibilidades de que nos sintamos atraídos por alguien en especial o por algo que despierte nuestro interés.

En el plano negativo, puede que no encontremos eco a nuestras aspiraciones o no nos adaptemos al ritmo de las circunstancias.

• **Vibración mensual 3:** Tendremos que hacer un espacio a lo social y ameno de la vida. No faltarán ocasiones para demostrar los pareceres, pero procuraremos hacerlo con estilo y con cautela.

En el aspecto negativo, nos previene de la dispersión de energía y de que no confiemos en el azar o en nuestra suerte personal.

• **Vibración mensual 4:** Un tiempo en el que todo lo que no nos sea habitual nos exigirá más esfuerzo y quizás alguna que otra contrariedad. Resultará favorable si necesitamos que requieran de nuestros servicios, o si vamos al encuentro para posibilitarlo, pero algo externo puede sugerirnos que esperemos, que nos demoremos o que volvamos en otro momento para que todo se resuelva favorablemente. Debemos estar abiertos a mejorar y a perfeccionarnos.

• **Vibración mensual 5:** Es un mes más movido, y las circunstancias externas incluyen posibilidades de cambios que algunas veces nos sorprenderán. Nos conviene abrirnos a lo que nos interese o despierte nuestra curiosidad, a promocionarnos, pero un punto de discriminación no nos vendrá mal. A pesar de todo, habrá progresos.

• **Vibración mensual 6:** La familia y el resto de la gente con la que mantenemos lazos de cualquier tipo esperarán más de nosotros, lo que hará que nos sintamos obligados y tengamos que devolver favores o se den las condiciones para que nos los devuelvan a nosotros, por la tendencia del número al equilibrio y a la armonía, que hace que algo concluya a favor y algo en contra. Negativamente, expone a disgustos.

• **Vibración mensual 7:** Nos conviene estar atentos al ambiente, debido a las ocasiones de sacar partido de situaciones o ideas para pensar con calma. Hacia la mitad del mes se puede hacer la luz sobre alguna expectativa, y en cualquier momento algo que nos preocupa puede dar un giro providencial. Negativamente, nos expone a creernos incomprendidos, a magnificar nuestros problemas psíquicos.

• **Vibración mensual 8:** Es el número de la justicia retributiva que preside nuestros actos. Podemos ser nosotros quienes vayamos al encuentro de gente o situaciones que nos ayuden en nuestros planes o a conseguir finalmente algo; si estamos seguros, lo haremos de forma correcta y tendremos en cuenta las contrapartidas. Negativamente expone a momentos tensos o a que haya algo en que ceder o perder.

• **Vibración mensual 9:** Al ser el último número del ciclo, las acciones pasadas volverán para ser evaluadas de nuevo. Seremos nosotros también quienes por nuestros procesos nos examinemos para buscar la forma de superarnos y ser mejores. Por otra parte, requerirán nuestra atención asuntos y gente distantes y los amigos. No debemos desatender a quien nos llame pidiéndonos ayuda. Será un buen mes para retirarnos de escena y para dar interiormente por concluido algo.

Las vibraciones diarias

• **Vibración diaria 1:** Marca tanto los días en los que nos tomamos tiempo para nosotros mismos como aquellos en los que nos vemos más emprendedores e innovadores en lo que nos toca hacer. El reposo físico o mental no está asegurado.

• **Vibración diaria 2:** Como es habitual con el 2, siempre estaremos más pendientes de los demás o de nuestro pasado. Nuestra subjetividad es mayor: procuremos analizar y cotejar, no ser nuestros propios enemigos. Se producirán cambios de humor que pueden incidir en el rendimiento.

• **Vibración diaria 3:** No habrá una gran disposición a lo rutinario o a lo que resulta contrariante. Si podemos zafarnos, aunque sea un poco, la vida nos parecerá más llevadera. En caso contrario, podemos sentirnos resentidos o amargados.

• **Vibración diaria 4:** Podemos aprovechar esta práctica vibración para poner un poco de orden interior, para repasar lo pendiente o lo que en los días posteriores necesitamos tener a punto. Si el día es muy pasivo, nos limitaremos a hacer lo que podamos sin ira ni remordimientos.

• **Vibración diaria 5:** Se trata de un día en el que, de una manera o de otra, siempre tendremos algo que aprender. Procuraremos estar localizables por las novedades o cambios que puede traer esta vibración. Normalmente, no es un día que suele resultar tal y como se pensó que fuese.

• **Vibración diaria 6:** Son días en los que procuraremos cooperar para que cooperen con nosotros sin tratar por eso de entrometernos demasiado en la vida de los demás ni permitir que lo hagan en la nuestra. Afectividad y capacidad de transmitir.

• **Vibración diaria 7:** Este número mágico tiene un efecto esclarecedor y terapéutico si nos abrimos a los misterios de nuestra mente. Puede haber sorpresas o curiosas coincidencias, pero resultará peligroso bajar la guardia en los asuntos rutinarios. Inclinación al bajo rendimiento físico.

• **Vibración diaria 8:** Todos los actos son importantes, por pequeños que algunos nos parezcan. De llevarlos a cabo bien, estaremos encaminados a conseguir todo aquello que queremos lograr. En algunos días marcados por esta vibración se pueden producir contrariedades debidas al factor tiempo.

• **Vibración diaria 9:** Situaciones latentes pueden manifestarse, en el lugar y con la persona que menos esperemos. Al ser un número variopinto, puede que la vida nos traiga un poco de todo. Si se da el caso, debemos cuidar cómo reaccionamos bajo una fuerte presión emotiva.

Previsiones para el signo Libra en el año 2017

Tendencias generales: el arte de estar en medio

El signo no conocerá tránsitos de los planetas mayores y los ángulos de estos serán buenos, aunque a lo largo del año podrá aparecer algún que otro problema generado por las personas de alrededor.

A diferencia del año anterior, Júpiter y Saturno estarán en buen ángulo entre sí y con el signo. Júpiter en la Casa 3 favorecerá desde el 15 de marzo hasta el 30 de abril especialmente a los nacidos los días 11 y 12; y desde el 15 de julio hasta el 31 de agosto a los nacidos en septiembre.

Los buenos aspectos de Júpiter durante febrero, marzo y noviembre con Neptuno, ambos regentes de la Casa 6 del trabajo, favorecerán a los nacidos entre el 10 y el 13 de octubre. Paralelamente, hará mal ángulo con Urano en la misma Casa 6.

Júpiter y Urano se marcharán del sector 3 y harán conjunción durante el puente de la Purísima, favoreciendo a los Libra y aclarando las convicciones y aspiraciones de la vida.

El 18 de diciembre Urano pasará a la Casa 4, retomando el buen ángulo con Júpiter; ello traerá algunas soluciones durante las fiestas de Navidad, aunque implicará a su vez un exceso de obligaciones y compromisos. El estrés y la ansiedad no son ni serán nunca buenas consejeras; convendrá tomarse las cosas con calma y tener mucha paciencia.

Saturno seguirá en la Casa 11 en buen ángulo con el signo, de marzo a junio incidirá más en los nacidos en el segundo decanato.

El mal aspecto de Neptuno, regente de la Casa 6, en la Casa 5 durante la primera mitad del año no favorecerá las ayudas ni apoyos de terceras personas, sino más bien todo lo contrario. Será en estos difíciles momentos en los que deberán demostrar su valía.

Del 2 de septiembre hasta noviembre del 2009, Saturno estará en la Casa 12. Dicha influencia se notará especialmente durante los cumpleaños de los Libra y en las fiestas.

Mercurio, que rige las Casas 9 y 12, estará en Libra del 5 al 27 de septiembre e incidirá en los nacidos en los últimos días del signo; el resto lo tendrán en la Casa 2.

Un segundo paso por Libra se producirá entre el 24 de octubre y el 11 de noviembre: será un buen momento para la economía particular y familiar.

Otros momentos propicios se producirán en la segunda quincena de enero (Casa 5), del 12 al 29 de mayo (Casa 9) y del 1 al 20 de diciembre (Casa 3).

La vibración anual: la vida da sorpresas

El año 2017 da el 9, por lo que durante este año todos los signos volverán a su número natural.

En el caso de los Libra serán el 7 y el 16, que aportarán capacidad para solucionar los problemas de los demás. Convendrá estar alerta para no abandonar la situación personal.

Será un año en el que los Libra se sentirán muy sensibles y susceptibles a las pequeñas cosas, por ello deberán evitar en todo momento los ambientes cargantes y depresivos.

El número 7, por su parte, aportará intriga y nuevas expectativas a la vida de los Libra, que se verán favorecidos por múltiples y gratas sorpresas.

Trabajo y economía: bailando con lobos

Júpiter y Neptuno, regente de la Casa 6 en Piscis, favorecerán los aspectos legales y los nuevos trabajos. Algunos Libra, en cambio, deberán pasar muchas horas en la oficina, a veces demasiadas; y un tercer grupo más reducido disfrutará de viajes y cursos relacionados con el trabajo.

Los eclipses de Virgo-Piscis traerán problemas generales en el ámbito laboral, sobre todo durante los meses de marzo y septiembre; convendrá ir con pies de plomo y no confiar en exceso en determinados compañeros.

Durante abril y mayo, Marte pasará por el sector, y las malas relaciones con Urano y Júpiter generarán conflictos y situaciones de emergencia; paciencia, sólo serán unos meses, la calma empezará a vislumbrarse antes de las vacaciones de verano.

La mala disposición de Saturno y Neptuno provocará inseguridades y malas relaciones con compañeros y jefes; en algunos casos se producirán cambios drásticos en distintos ámbitos relacionados con la situación laboral, como puede ser el caso de cambios de horarios, lugar de trabajo...

Pero todo cambiará radicalmente a partir de octubre con la presencia de Marte en la Casa 10 de la situación.

La tranquilidad y la estabilidad tan deseadas durante los meses anteriores durarán hasta finales de año, aunque podrá producirse algún que otro cambio de empleo que influirá positivamente en la economía familiar.

En general será un buen año para los Libra autónomos, a los que les surgirán nuevos y atractivos proyectos.

Vida amorosa: en blanco y negro y en multicolor

Neptuno continuará en la Casa 5, aunque también influirán Júpiter, con sus buenos ángulos, y Saturno a final de año.

En general será un año en el que los Libra deberán ejercer en muchos momentos de psicólogos con amigos, familiares..., pero también con ellos mismos.

En la segunda quincena de febrero, la casa se activará y las rupturas y alejamientos estarán a la orden del día. Desde el mes de marzo hasta el 8 de abril será un buen momento para fomentar y cultivar las relaciones de amistad.

Así pues, será un año de altibajos.

La presencia de Júpiter en la Casa 3 del 12 de abril al 8 de mayo favorecerá los nuevos amores y relaciones.

El paso de Venus desde el 28 de julio hasta el 8 de septiembre marcará el inicio de un ciclo de perturbadoras «tormentas magnéticas» en la vida afectiva.

Gracias a la lunación de noviembre desaparecerán los malos ángulos con Neptuno, y las ideas estarán mucho más claras.

Del 8 de noviembre hasta la primera semana de diciembre será un excelente momento para dedicarse especialmente a las relaciones íntimas, muy íntimas.

La pareja se habrá sentido abandonada en algún momento del año, y esta es la oportunidad perfecta para solucionar los problemas y emprender de nuevo una vida en común.

Hogar y familia: leer a los estoicos

La presencia de Capricornio en la Casa 4 siempre será favorable para los Libra en todo lo relacionado con el hogar y la familia; a pesar de todo, convendrá no descuidarlos, ya que se generarán problemas de consideración que podrían desembocar en conflictos y rupturas familiares.

La persistente presencia de Saturno en Leo (signo de los hijos y opuesto a Neptuno) en la Casa 5 complicará un poco las cosas con la pareja. Otros, en cambio, tendrán problemas con los padres o suegros. Pero no todo serán aspectos negativos: las soluciones irán apareciendo poco a poco.

Después de las vacaciones, con el eclipse de Sol y con la presencia de Saturno en Virgo, los Libra tendrán que aclarar sus ideas en todo lo referente a vivienda, locales y familia, y es posible que aparezcan nuevas obligaciones.

Desde el familiar y doméstico signo de Cáncer, Marte, en mal ángulo con el sector y con el signo, generará toda una serie de desarreglos y desajustes. Pero las cosas mejorarán a final de año con el paso de Júpiter por la Casa 4. Muchos Libra prosperarán: cambiarán de coche, de casa...

El día 30 de diciembre, a las 14 horas y 38 minutos, la Luna entrará en Virgo; convendrá cuidar el aspecto exterior.

Salud: irregularidades

El eje de salud, Casas 6 y 12, se verá afectado por los eclipses de Sol y Luna que se producirán a lo largo del año en el propio eje.

Saturno, regente de la Casa 4, pasará a la 12 e incidirá notablemente en la salud: familiares, mascotas...

A lo largo del año aparecerán ciertas molestias que convendrá vigilar y cuidar para que no vayan a más. Algunos Libra padecerán problemas intestinales, de sueño o derivados de tratamientos farmacológicos, ya que Urano seguirá en la Casa 6.

A finales de abril se producirá un mal ángulo entre Urano y Júpiter; convendrá estar preparado para cualquier emergencia médica. A pesar del primer susto inicial, no habrá de lo que preocuparse.

Los días comprendidos entre el 7 y 12 de marzo y durante el mes de junio aparecerán problemas relacionados con los nervios y con el cansancio físico. No habrá que preocuparse, serán males típicos del cambio de estación; nada que no se puede curar con descanso y buena alimentación.

Lunaciones y entrada del Sol en los signos en el año 2017 para Libra

	Luna nueva		Luna llena	
C. 4			3/1	12 Cáncer
	19/1	28 Capricornio		
C. 5	20/1	Sol en Acuario		
			2/2	13 Leo
	17/2	28 Acuario		
C. 6	19/2	Sol en Piscis		
			4/3	13 Virgo (Eclipse total)
	19/3	28 Piscis (Eclipse total)		
C. 7	21/3	Sol en Aries		
			2/4	12 Libra
	17/4	27 Aries		
C. 8	20/4	Sol en Tauro		
			2/5	11 Escorpio
	16/5	25 Tauro		
C. 9	21/5	Sol en Géminis		
			1/6	10 Sagitario
	15/6	23 Géminis		
C. 10	21/6	Sol en Cáncer		
			30/6	8 Capricornio
	19/7	21 Cáncer		
C. 11	23/7	Sol en Leo		
			30/7	6 Acuario
	13/8	19 Leo		
C. 12	23/8	Sol en Virgo		
			28/8	4 Piscis (Eclipse total)
	11/9	18 Virgo (Eclipse parcial)		

(Continuación)

	Luna nueva		Luna llena	
C. 1	23/9	Sol en Libra	26/9	3 Aries
	11/10	17 Libra		
C. 2	23/10	Sol en Escorpio	26/10	2 Tauro
	10/11	17 Escorpio		
C. 3	22/11	Sol en Sagitario	24/11	1 Géminis
	9/12	17 Sagitario		
C. 4	22/12	Sol en Capricornio		
			29/12	1 Cáncer

Previsiones para el signo Libra en el año 2018

Tendencias generales: una gran ayuda de Mercurio

A lo largo de este año Libra no será visitado por los aspectos mayores, pero el predominio de buenos ángulos entre estos ayudará a contrarrestar las deficiencias astrales.

El mal ángulo de Júpiter con el signo, desde Capricornio en la Casa 4 del hogar, la familia y los bienes, será más puntual durante el mes de enero para los Libra del primer decanato, y desde la segunda quincena de noviembre hasta finales de diciembre para los del tercero. En general, los meses de enero y diciembre serán cruciales para todos los Libra. Las estaciones de Júpiter en mayo afectarán más a los nacidos alrededor del 5 de octubre, y en septiembre a los del 13 y 14 del mismo mes.

Saturno, que rige la Casa 4, continuará en Virgo en la Casa 12 de las trabas hasta el 11 de septiembre, que será cuando entre en el signo.

La incidencia de Capricornio se hará más patente con la entrada de Plutón, aunque lo notarán más los Libra de los dos primeros días del signo, especialmente en los primeros meses del año. Como todos, los Libra se verán obligados a realizar cambios conceptuales y estructurales, pero no sólo de los contenidos de la Casa 4, sino de la vida misma.

Neptuno y Urano seguirán, a su vez, en la larga tendencia de unir los asuntos de las Casas 5 y 6, de los amores y del trabajo y salud respectivamente.

Neptuno seguirá su largo buen aspecto con el signo y, por anualidad, alcanzará a los nacidos entre el 10 y 15 de octubre. Los eclipses solares del año, en febrero y agosto, si bien caerán en las Casas 5 y 11 en buen aspecto para los Libra de estos días, tocarán un poco los atributos del planeta, por lo que podrá producirse algún que otro problema, que, por suerte, se resolverá en breve.

Urano, en Piscis en la Casa 6, estará durante prácticamente todo el año en buen aspecto con Júpiter e indicará una mejor organización en todos los aspectos de la vida de los Libra.

Este año, las largas estancias de Mercurio se darán en el elemento de los Libra, el Aire; en general, ello generará cambios en las relaciones sentimentales o de amistad.

Los mejores periodos del año serán: desde el 8 de enero hasta el 14 de marzo en Acuario en la Casa 5; del 3 de mayo al 10 de julio en Géminis en la Casa 9; y del 29 de agosto al 4 de noviembre en Libra. Todos estos sectores serán muy significativos, especialmente el último, donde los Libra plantarán buenas bases para el año siguiente.

Durante el cumpleaños, los Libra tendrán a Mercurio en el signo, que acentuará la idiosincrasia básica entre la forma de pensar y actuar. Los nacidos en los dos primeros decanatos lo tendrán retrógrado y aumentará la tendencia natural de los Libra a la indecisión. Los nacidos los últimos días de septiembre tendrán a Mercurio en buen ángulo con Neptuno, lo cual aportará buena intuición en las decisiones importantes. En cambio, los nacidos alrededor del 7 de octubre lo tendrán mal con Júpiter, que, al ser regente de la Casa 3, podrá generar problemas en el diálogo y la comprensión, especialmente con la familia y los vecinos.

La vibración anual: con el 8 no se flirtea

El año 2018 da 10, que sumado al 7 del signo da los números 8 y 17, como incidencias que vienen del exterior y que esperan alguna respuesta del signo Libra. Es una vibración muy fuerte y puede dar alguna que otra sorpresa.

El número 8 está muy ligado a la autoridad, a la jerarquía; además, durante este año se verá fuertemente acentuado por Capricornio. Por todo ello, convendrá que los Libra no den lugar a amonestaciones y peleas y se olviden radicalmente del pesimismo, que les podrá hundir en algún momento.

El 17 se relaciona con los buenos proyectos e ideas en los estudios y trabajo. A pesar de ello, los Libra no deberán fiarse mucho de las soluciones milagro, convendrá que se alejen completamente del juego, que podría acarrearles algunos quebraderos económicos.

Durante el mes de mayo, la vibración 22 les podrá aportar nuevas amistades y contactos interesantes para un futuro próximo.

150

Trabajo y economía: la mano que aprieta, pero no ahoga

Saturno en Virgo, el signo del trabajo diario, en la Casa 12 indicará un amplio abanico de contrariedades relacionadas con el estado anímico y físico de los Libra, que se verán obligados a faltar muy a menudo al trabajo; los autónomos deberán rechazar muchos trabajos por su mala salud. Si bien los aspectos anuales con Saturno serán buenos e incidirán positivamente en la dedicación y capacidad de resolver problemas de los Libra, hacia el otoño se perfila un mal ángulo con Urano en la Casa 6 del trabajo.

El eclipse de febrero con Neptuno indicará que un mal de otro será beneficioso para los Libra; eso sí, las responsabilidades aumentarán considerablemente.

Por su parte, el eclipse de agosto lo notarán más los Libra más relacionados con altos cargos y directivos.

La conjunción planetaria en el signo durante el mes de septiembre indicará un buen momento, el mejor, para muchos Libra en aspectos relacionados con el dinero, cobro de deudas y favores.

A principios de noviembre, en cambio, podrán surgir pequeños inconvenientes económicos; además, convendrá ser precavido con los nuevos negocios.

Es muy probable que los Libra más sujetos al mal ángulo que se producirá con Plutón no encuentren una solución a sus problemas laborales.

Vida amorosa: un otoño muy prometedor

El eje de las Casas 5 y 11, amores y grupos respectivamente, será transitado por los nodos y, por tanto, los eclipses anuales se darán en estos sectores.

Durante la segunda quincena de marzo, los Libra probablemente se sientan atraídos por situaciones un tanto extrañas y por compañeros de trabajo. El eclipse del 7 de febrero, del Sol con Neptuno, se producirá en la Casa 5 y mermará algunas posibilidades de amoríos, flirteos, ocio…

Los Libra que quieran preguntar a su pareja sobre en qué punto se encuentra la relación que están viviendo deberán hacerlo el 31 de enero o el 1 de febrero. Por otro lado, hacia el 24 o 25 de octubre ciertas sospechas se verán confirmadas, lo que provocará un cambio drástico en la política que se estaba siguiendo hasta ese momento.

151

Del 7 al 13 de agosto la Casa 12 estará muy concurrida. Gracias a ello, los Libra podrán ayudar a familiares y amigos con su buen sentido común y cordura.

El eclipse del 1 de agosto indicará que los Libra no podrán contar con los amigos habituales de las vacaciones.

Como los Libra suelen ser muy urbanos, les encantará volver a la normalidad que siempre aporta el mes de septiembre, especialmente en todo lo relacionado con las relaciones sentimentales.

Es muy posible que a la vuelta de las vacaciones nazca alguna nueva relación amorosa; la retrogradación de Mercurio con el Sol aportará información sobre la conveniencia o no de seguir adelante.

Hogar y familia: la familia es lo primero

La presencia de Júpiter fortalecerá el sector familiar y, al ser regente de la Casa 3, favorecerá las comodidades propias de dicha casa: medios de comunicación, documentaciones ligadas a bienes... Es posible que aparezcan ciertos gastos extras relacionados con el hogar o con la comunidad de vecinos —ascensor, obras en la escalera, etc.

Los hermanos y los cuñados adquirirán cierta importancia dentro del seno familiar. Los Libra más jóvenes se verán limitados por los padres si no cumplen con sus deberes y obligaciones.

La presencia de Plutón enfatizará posibles problemas relacionados con el aparcamiento, sótano, altillo, huerto o lavadero. Convendrá estar muy atento a las novedades urbanísticas y al patrimonio familiar.

Agosto será el mes más apropiado para intentar dar un giro positivo a los asuntos familiares y para reparar todo lo que estaba pendiente. Será recomendable que los Libra no viajen solos desde el 29 de agosto hasta el 3 de septiembre.

A finales de noviembre la familia adquirirá cierta notoriedad, que alcanzará su punto más álgido en las fiestas de diciembre. Es posible que los Libra reciban o tengan que dar buenas noticias a la familia.

Salud: pequeños y continuados cuidados

El eje de la salud, Casas 6 y 12, continuará movido por la presencia de Saturno y Urano en el eje natural de salud: Piscis y Virgo. Aunque se trata de las casas solares que más influyen en los devaneos psicológicos y en la ansiedad, individualmente son lo bastante fuertes como para que no generen problemas mayores.

Los eclipses del año magnificarán los atributos de Neptuno, que, como regente de la Casa 6, a lo largo del año provocará cierto estrés. El de febrero aportará malestares que se alargarán hasta finales del invierno; convendrá tener cuidado con posibles problemas circulatorios. En cambio, el de agosto vendrá acompañado de una avalancha planetaria en la Casa 12 que generará un malestar general en prácticamente todos los Libra. Pero la situación mejorará con el eclipse lunar de mediados de agosto, que aportará vitalidad y ganas de vivir.

El paso de Marte por Libra será más acusado durante el mes de septiembre e implicará un cambio en el vestuario y ciertos retoques estéticos. Además, será un momento muy bueno para los Libra que sufran dolencias típicas del signo: problemas renales, lumbares, de piel y diabetes.

Lunaciones y entrada del Sol en los signos en el año 2018 para Libra

	Luna nueva		Luna llena	
C. 4			24/12	1 Cáncer
	8/1	17 Capricornio		
C. 5	20/1	Sol en Acuario		
			22/1	1 Leo
	7/2	17 Acuario (Eclipse parcial)		
C. 6	19/2	Sol en Piscis		
			21/2	1 Virgo (Eclipse total)
	7/3	17 Piscis (Eclipse total)		
C. 7	20/3	Sol en Aries		
			21/3	1 Libra
	6/4	16 Aries		
C. 8	19/4	Sol en Tauro		
			20/4	0 Escorpio
	5/5	15 Tauro		
			20/5	29 Escorpio

	Luna nueva		Luna llena	
C. 9	20/5	Sol en Géminis	18/6	27 Sagitario
	3/6	13 Géminis		
C. 10	21/6	Sol en Cáncer	18/7	26 Capricornio
	3/7	11 Cáncer		
C. 11	22/7	Sol en Leo		
	1/8	9 Leo (Eclipse total)	16/8	24 Acuario (Eclipse parcial)
C. 12	22/8	Sol en Virgo		
	30/8	7 Virgo	15/9	22 Piscis
C. 1	22/9	Sol en Libra		
	29/9	6 Libra	14/10	21 Aries
C. 2	23/10	Sol en Escorpio		
	28/10	5 Escorpio	13/11	21 Tauro
C. 3	21/11	Sol en Sagitario		
	27/11	5 Sagitario	12/12	21 Géminis
C. 4	21/12	Sol en Capricornio		
	27/12	6 Capricornio		

Pronóstico general
hasta el año 2020

Con el 2001 entramos en un siglo fabuloso. Según vayan transcurriendo los años, tendremos la sensación de estar entrando en la tan anhelada era de Acuario en muchos aspectos, lo cual no sucederá sin embargo hasta el próximo siglo (es decir, el siglo XXII). De hecho, hasta ese momento no podremos dar por concluida la era anterior, una era de más de 2.000 años, y sin duda la noticia tendrá alcance mundial. Será el corolario de una nueva forma de religiosidad.

No aportamos nada nuevo al decir que los cambios más importantes que se experimentarán en estos años vendrán de la mano de los medios de comunicación y del transporte. La «sociedad de la información» a la que todo esto da lugar no ha hecho nada más que comenzar, y subyacerá a cualquier otro adjetivo. El maxiciclo que toca a los grandes procesos que ha habido en la civilización, el de Neptuno-Plutón desde el Renacimiento, tendrá lugar ahora durante miles de años en Géminis, signo que da la tónica a los otros ciclos planetarios con que los astrólogos, desde siempre, miran la historia.

La esperanza que siempre hemos albergado de viajar en algún momento lejos de nuestro planeta azul será ahora casi certera. Los objetivos con los que se plantearán estas salidas serán diversos, pues, a pesar de todo esto y de los mitos y paradigmas de unidad y fraternidad mundial de los próximos 2.000 años, el corazón del hombre no cambiará; sin embargo, sí puede verse exigido a adaptar su manera de ser y su comportamiento a todo un entorno estelar lleno de enigmas.

El siguiente paso será hacer lo mismo con el vecindario, el entero planeta. Si repasamos la historia, parece que todo conduce a ello. El concepto de entorno cambia: no lo dominaremos totalmente, pero es tentador asumirlo. La síntesis de los medios de comunicación será pasmosa, y toda la memoria o la actualidad del medio en el que a cada uno le haya tocado vivir la podrá llevar prácticamente en la muñeca, como antes se llevaba el reloj. Sin embargo, se acentuará también el individualismo, y el hombre se convertirá en un ser solitario, aunque no descuide tampoco su obligada participación en el grupo. Con todo esto, la familia y la pareja podrán evolucionar en dos sentidos opuestos: o se revalorizarán, o todo lo contrario.

Para que la curiosidad de Géminis —que equivale al joven adolescente en el plano estelar— se dé sin trabas para desarrollar el cuerpo mental —que es la etapa que se tendrá que alcanzar en el nivel evolutivo según todas las tradiciones esotéricas— quizá resulte cada vez más necesaria la unidad mundial, independientemente de la diversidad entre países, regiones, etc. Se movilizará mucha energía en el intento de conseguir este fin, y se saltarán las barreras estructurales allí donde estas impidan la consecución del objetivo.

Por tanto, se ve reforzado y acentuado, tanto en el plano personal como en el colectivo, en este largo periodo de tránsito a la nueva era, un atributo de Piscis (signo de la era saliente): el navegar entre dos aguas mezcladas, entre un tipo de mundo que se va, más parroquiano y predecible, y otro que viene, lleno de incertidumbre y expectativas. Neptuno, en este signo desde el año 2011 hasta el 2026, hará aflorar la síntesis de lo positivo y de lo negativo de estos 2.000 años anteriores, produciendo extrañas reacciones que incluyen mesianismos de uno y otro signo, cada cual más extravagante.

Lo fabuloso del siglo no serán tanto las prodigiosas novedades científicas anunciadoras de Acuario (que en este periodo en concreto tocarán el ámbito médico y de la sanidad, debido a los sucesivos tránsitos de Neptuno y anteriormente de Urano en Piscis, del año 2004 al año 2010), ya que estas novedades no serán más que una extensión cuantitativa de los inventos que venían produciéndose desde 1890 (una transformación similar a la del Renacimiento), sino que realmente estará en el nuevo *statu-quo* mundial que se producirá hacia el año 2060, y que probablemente vendrá dado por la transición en los Estados Unidos a un tipo de sistema más acorde con su potencial y su rango, y también por la integración de las Américas, que se irá acelerando hasta alcanzar un carácter formal. Mientras tanto, la Europa atlántica tendrá un papel muy importante en todo el continente, exactamente el que le corresponde de acuerdo a la fase de su desarrollo como civilización.

Estas nuevas reglas de juego permitirán que participe un mayor número de gente en la mutación y en los beneficios de los adelantos; se delinearán mejor las áreas en las cuales las nuevas formulaciones tendrán más efecto y continuidad, ya que es evidente que si algo resalta sin que parezca que tenga arreglo, con el advenimiento de estos progresos a finales del siglo xx, es la desigualdad generalizada.

Existe la posibilidad de que surja o tome una forma más acusada y operativa a nivel mundial una clase social intermedia, de corte parecido a la actual y que se adhiera a los mismos valores a pesar de las diferencias. Pero antes de esto, los problemas serán otros.

Haciendo un cotejo de ciclos planetarios en expansión y de los que se hallan en fase recesiva, se podrá observar que estos primeros veinte años presentarán los ciclos de los planetas mayores en que intervienen Urano, Neptuno y Plutón (de tendencia más civilizatoria) en alza muy notoria, y aunque en algunos momentos atraviesen fases críticas, la humanidad puede ver garantizado en ellos un gran salto cualitativo que, por su magnitud, tiene un precio equivalente.

Son los posteriores contactos con esos planetas transpersonales de Júpiter y Saturno, los planetas más evidentes para la regulación social, económica y política (es decir, los aspectos que tocan el día a día humano), los que harán ir a la baja a la humanidad en el año 2020, con el índice de caída más pronunciado que se haya visto nunca en los siglos xix y xx, para después remontar.

Este declive comienza ya desde la conjunción de Júpiter con Saturno en el año 2000 en Tauro, cita que renuevan cada veinte años.

Desde el año 2000 hasta el año 2003, Júpiter y Saturno, siguiendo en fase de conjunción en Géminis, comenzarán también ciclos a la baja con Plutón en Sagitario, por un lado indicando que se llega a un clima de mucha tensión en distintos temas (problemas raciales, religiosos, ligados a la inmigración y minorías, terrorismo, sida, catástrofes naturales, petróleo y derivados, así como nuevas leyes de tráfico y transportes) y, por otro lado, y no menos preocupante, señalando los primeros afectados de este ciclo de tanto peso en la historia humana.

Los años 2004 y 2005 serán años de desilusiones colectivas debido a los malos aspectos de los dos planetas con Neptuno en Acuario. Comenzará a notarse, independientemente de cómo le vaya a cada uno o de cómo se lo tome, que algo falla en la nueva andadura, produciendo un efecto dominó con consecuencias difíciles de remontar.

La mayor parte de los síntomas están ya presentes y no siempre se dan justo en este momento, debido a que los ingredientes se suelen ir preparando unos cinco años antes de cada conjunción, para luego afianzarse una vez que esta ha tenido lugar (esto también se produce así en el plano individual).

Este futurible materializable a los cuatro o a los cinco años creará un temor (muchas veces inconsciente), un interrogante en todo lo que se inicie o reestructure en este comienzo del siglo, ya que la seguridad que pudieran dar Júpiter-Saturno en Tauro (tanto en las costumbres como en la forma de encarar la subsistencia o en la política) se ve amenazada por la mala influencia de Urano en Acuario cuando iniciaron el ciclo, indicando que las amenazas pueden venir de cualquier parte.

Por darse en signos fijos, no será fácil cambiar los atavismos, y esto puede llevar a mucha gente, como es de suponer, a asumir talantes fatalistas o a cuestionarse las formas de progreso, actualizándose de esta manera el mito de Saturno castrando a Urano.

Esto preanuncia otro punto crítico pero de más contundencia, que se dará hacia la oposición de Júpiter-Saturno, en el año 2009-2010, en la que se verán envueltos con Urano entrando en Aries y Plutón entrando en Capricornio, donde permanecerá el resto del ciclo, exactamente hasta el año 2023, no sin antes darse también esa oposición con los mismos planetas en los finales de los signos mutables (Virgo-Piscis-Sagitario). Además, la exacta oposición se dará tres veces, lo cual no es en absoluto habitual.

La mayor parte de los horóscopos de países, tratados, etc., se verán afectados. Será más fácil violar compromisos internacionales que formalizarlos o mantenerlos, y la diplomacia podrá hacer poco. Al estar ligados los signos cardinales se prevén grandes convulsiones y estados generalizados de emergencia. Los poderes establecidos en diversos lugares contarán con la competencia de auténticos poderes paralelos, insumisos a los primeros, porque uno de los efectos de la macroeconomía generada desde la mitad de los noventa y reforzada por la conjunción en Tauro (que la erige como valor supremo durante los siguientes cuarenta años, al alterar el mapa productivo, condicionarlo y producir nuevas fronteras tan cambiantes como él) hará que la política de cualquier corte sea mayormente inviable.

Pero también puede alcanzar a fronteras reales entre países, que verán en la confrontación una salida a sus problemas internos, sin que falten a la cita grandes trastornos climáticos o del suelo, el agravamiento de la sequía y el problema del agua y de la contaminación marina.

El último cuarto, el quinquenio que va del año 2015 al 2020, es el más delicado en todos los aspectos, particularmente entre los países de Oriente —excluida China, que seguirá con la revolución más grande de la historia de la humanidad— y los surgidos desde el ciclo descolonizador Urano-Plutón desde 1965.

Como consecuencia de todo esto, se irá abriendo paso un cambio radical en la economía, pero hasta el año 2040, con la otra conjunción de Júpiter-Saturno en Acuario, no llegará el momento en que la situación se empezará a reenderezar y a mejorar un poco, aunque quizá desde un retroceso o deterioro notorios.

Poniéndose en la perspectiva de mediados del siglo XXI, los primeros veinte años quizá se vean como una especie de agujero negro por el que pasó la humanidad, un toque de atención para no repetir nunca más errores cometidos tanto en lo que se refiere a las relaciones humanas como en lo que toca a la economía, los recursos o el equilibrio del planeta.

No es la primera vez que esto sucede, pero sí será la primera vez que suceda a un nivel realmente planetario.

www.ingramcontent.com/pod-product-compliance
Lightning Source LLC
Chambersburg PA
CBHW071345090426
42738CB00012B/3025